Christian Lange

# Kooperationen in Forschung und Entwicklung

## Die Automobilindustrie – Vorbild für andere Branchen?

Diplomica Verlag GmbH

Lange, Christian: Kooperationen in Forschung und Entwicklung: Die Automobilindustrie – Vorbild für andere Branchen?. Hamburg, Diplomica Verlag GmbH 2013

Buch-ISBN: 978-3-8428-6247-0
PDF-eBook-ISBN: 978-3-8428-1247-5
Druck/Herstellung: Diplomica® Verlag GmbH, Hamburg, 2013

**Bibliografische Information der Deutschen Nationalbibliothek:**
Die Deutsche Nationalbibliothek verzeichnet diese Publikation in der Deutschen Nationalbibliografie; detaillierte bibliografische Daten sind im Internet über http://dnb.d-nb.de abrufbar.

© Diplomica Verlag GmbH
Hermannstal 119k, 22119 Hamburg
http://www.diplomica-verlag.de, Hamburg 2013
Printed in Germany

# Inhaltsverzeichnis

# Abkürzungsverzeichnis

| | |
|---|---|
| bzw. | beziehungsweise |
| d.h. | dass heißt |
| i. d. R. | in der Regel |
| o. ä. | oder Ähnliches |
| sog. | so genannten |
| z. B. | zum Beispiel |

# Abbildungsverzeichnis

# 1. Einleitung

Die Bedeutung von Forschung und Entwicklung (F&E) ist aus ökonomischer Sicht in der heutigen Zeit unbestritten. Innovationen als Ergebnis von F&E sind elementare Faktoren zur Verbesserung von Wettbewerbsfähigkeit, Produktivität und Wachstum. Forschungsintensive Standorte werden daher aufgrund des gestiegenen Interesses mit besonderer Aufmerksamkeit betrachtet. Verschiedene Regionen und einzelne Staaten sind auch dazu übergegangen, die Möglichkeiten der ansässigen Unternehmen in den Bereichen Forschung und Entwicklung gezielt zu verbessern und zu fördern.

Neben den etablierten und weithin verbreiteten politischen Ansichten zu Forschung und Entwicklung ist mittlerweile auch ein noch recht neues Phänomen in Erscheinung getreten und dabei, sich durchzusetzen: die Vereinbarung von Kooperationen in den Sektoren Forschung, Entwicklung und Innovation. Die Bedeutung dieses Bereichs hat in den letzten Jahren signifikant zugenommen – gerade in der technologisch intensiven Branche der Automobilindustrie.

Die weltweite Automobilindustrie sieht sich momentan einem tiefgreifenden Umbruch mit weitreichenden Folgen ausgesetzt, der sog. „dritten Revolution der Automobilindustrie".[1] Auf der Herstellerseite drängen neue Fahrzeuganbieter – speziell aus China – auf die europäischen und nordamerikanischen Märkte, die bislang den etablierten Produzenten „vorbehalten" waren. Parallel dazu entstehen auf der Absatzseite durch die Globalisierung und dem damit verbundenen wirtschaftlichen Aufschwung in den sog. „Schwellenländer" – allen voran die sog. „BRIC-Staaten", bestehend aus Brasilien, Russland, Indien und China – neue Absatzmärkte. Da in diesen Volkswirtschaften immer breitere Gesellschaftsschichten entstehen, die auch zunehmend die Mobilität für sich entdecken und sich diese auch finanziell leisten können, müssen die Fahrzeughersteller diese Exportmärkte erschließen, um hier den Anschluss an die Wettbewerber nicht zu verpassen bzw. zu verlieren.

Auch gewinnt der Umweltaspekt mehr und mehr an Gewicht. Die Bedeutung von anderen Antriebslösungen als dem Verbrennungsmotor („alternative Antriebstechnologie") nimmt ständig zu. Parallel dazu dürfen die Motoren der Fahrzeughersteller immer weniger $CO_2$ emittieren, was in den seitens der EU immer schärferen Euro-Ab-

---

[1] Vgl. Hüttenrauch / Baum 2008: 33

gasnormen festgeschrieben wird. Die Hersteller sind daher de facto gezwungen, neue Technologien zu erforschen und zu entwickeln. Dies ist oftmals mit dem Einsatz großer finanzieller Mittel verbunden. Auch neue Materialien (z. B. zur Gewichtsreduzierung) und die immer individuelleren Anforderungen der Autokäufer an ein Fahrzeug ziehen die Entwicklung neuer Technologien nach sich.

Auch auf der Produktions- und Entwicklungsseite ist ein ziemlicher Umbruch im Gange, der sich sowohl auf die Fahrzeughersteller als auch auf deren Zulieferer massiv auswirkt. Ein großer Teil der Wertschöpfungsprozesse wird sich von den Herstellern in Richtung der Zulieferer verlagern. Der prozentuale Anteil der Zulieferer an der Wertschöpfungskette wird sich von derzeit 65 % auf rund 77 % vergrößern. Dies bedeutet im Umkehrschluss, dass die Automobilhersteller mehr als 10 % ihrer heutigen Eigenleistung bzw. ihrer Kompetenz eine vertikale Stufe nach unten verlagern.

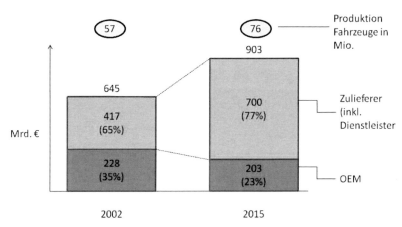

Wertschöpfung/Wertschöpfungsanteil Automobilhersteller
(weltweit, Automobilentwicklung / -produktion, Light Vehicles

**Wertschöpfungsentwicklung 2002 bis 2015**
Die Gesamtwertschöpfung wächst um über 250 Milliarden Euro.
Der Wertschöpfungsanteil der Automobilhersteller sinkt von 35%
auf 23 %, der der Zulieferer steigt von 65% auf 77%

Abbildung 1: Wertschöpfungsprognose bis 2015; eigene Darstellung, angelehnt an: Automobilkongress „Zukunftspotentiale durch nachhaltige technische und soziale Innovationen", Ruhr Universität Bochum, 31.05.-01.06.2005

Damit konzentrieren sich die Automobilhersteller als OEMs (= Original Equipment Manufacturer, engl. für Originalausrüstungshersteller)[2] mehr und mehr auf Faktoren und Aspekte zur Differenzierung ihrer Marken vom Wettbewerb, also auf das Markenmanagement.

Die Marke an sich wird bei den OEMs immer wichtiger. Automobile werden zunehmend zu Marken- und damit zu Klientelprodukten. Das gezielte Ansprechen von bestimmten Zielgruppen macht heute einen großen Anteil an den Vertriebs- und Marketingstrategien aus. Ganze Fahrzeuge werden auf bestimmte Zielgruppen zugeschnitten. Daher konzentrieren sich die OEMs immer mehr auf Kernelemente wie Fahrzeugkonzepte, Funktionsintegration, Markenerlebnis, Servicestrategien sowie alle Technologien und Funktionen rund um das Fahrzeug, welche sowohl für das Fahrzeug an sich sehr wichtig sind als auch das Markenprofil schärfen. Nur durch solche Details lassen sich die Marke und auch das Automobil selbst langfristig, erfolgreich und nachhaltig an den Märkten etablieren und damit auch ein Stück vom Wettbewerb abheben. Die OEMs übernehmen die Rolle der Markenhersteller, während Zulieferer und andere Dienstleister zunehmend die nicht markenrelevanten Entwicklungs- und Produktionsumfänge übernehmen.


Entwicklungskooperationen existieren aktuell in horizontaler Form zwischen zwei oder mehreren Zulieferern bzw. zwischen zwei oder mehreren OEMs selbst. In vertikaler Richtung kooperieren Automobilhersteller und Zulieferer. Zusammenarbeit wird dabei zum Schlüsselfaktor. Neue Geschäftsmodelle werden attraktive und umfangreiche Wachstums- und Ertragschancen für OEMs, Zulieferer und Dienstleister aufweisen. Ein eng geflochtenes Netzwerk aus wichtigen Systemlieferanten sowie strategische Partnerschaften in horizontaler und vertikaler Ebene werden die Landschaft der OEM-Partner kennzeichnen und die entsprechenden Wertschöpfungsketten im Umfeld der OEMs bestimmen.

Auch die Reduzierung der Anzahl der Zulieferer ist ein immer wichtigeres Kriterium der OEMs. Die Menge der Zulieferer wird reduziert, um Kosten zu sparen, Verwaltungsarbeiten zu reduzieren und Verantwortlichkeiten zu stärken. Der Trend lautet: „Der Tier-1-Lieferant soll Alles können".

---

[2] Vgl. http://www.qualitaetsmanagement.me/OEM.htm

Daher werden sich Zulieferer und Dienstleister bei der Gestaltung ihrer internen und externen Prozesse und Strukturen auf die neuen Gegebenheiten einstellen müssen. Allerdings ist es äußerst schwierig, die Richtung und den Rahmen der auftretenden Veränderungen zu bestimmen bzw. zu dokumentieren.

Die steigende Häufigkeit von Kooperationen als Antwort auf sich verändernde Wettbewerbsbedingungen ergibt sich aus dem theoretischen Anspruch, dass Kooperationen einen gezielteren und schnelleren Zugriff auf exakt die Ressourcen ermöglichen, die in der jeweiligen Situation gefordert sind. Gleichzeitig ergibt sich die Möglichkeit, Kosten und Risiken auf die Beteiligten zu verteilen.

Die Bedeutung von Forschung und Entwicklung für das Allgemeinwohl sind heutzutage – wie schon eingangs erwähnt - unbestritten. Innovationen und F&E als Ausgangspunkt für Innovationen gelten als entscheidender Faktor für Wachstum, Wohlstand, Beschäftigung und Wettbewerbsfähigkeit in einer Volkswirtschaft. Kooperationen bieten den Unternehmen die Möglichkeit, ihrer vorhandene Wettbewerbsfähigkeit auf sich verändernden Märkten beizubehalten bzw. auch auszubauen.

## 2. Aufbau und Zielsetzung: Untersuchung von Unternehmensnetzwerken

Nach der Darstellung der aktuellen Situation in der Automobilindustrie sowie den sich gerade vollziehenden Veränderungen auf den Weltmärkten soll zunächst der Begriff der F&E-Kooperation betrachtet werden. Dabei werden die unterschiedlichen Begriffsauffassungen, die in der Literatur existieren, zum Ausdruck gebracht. Ziel der vorliegenden Arbeit ist es, das Konstrukt der horizontalen und vertikalen F&E-Kooperation – mit dem Blick auf die Automobilhersteller und die Zulieferer - darzustellen und aus wettbewerbspolitischer Sicht zu beurteilen. In diesem Zusammenhang bleibt jedoch festzustellen, dass es hier ausschließlich um Unternehmenskooperationen geht, d. h. um Kooperationen zwischen zwei oder mehreren Unternehmen und nicht um Kooperationen zwischen Unternehmen und Universitäten oder Forschungseinrichtungen. Es handelt sich dabei dann um mehr oder weniger große Unternehmensnetzwerke, die als „modes of organizing economic activities through inter-firm coordination and cooperation" aufgefasst werden können.[3] Darüber hinaus umfasst der Begriff der Zulieferer in dieser Arbeit ebenfalls die Dienstleister für die Hersteller, also

---

[3] Vgl. Grandori/Soda 1995: Inter-firm networks

beispielsweise Unternehmen, die Ingenieurdienstleistungen o. ä. für die OEMs erbringen.

Die vorliegende Untersuchung zeigt die Entwicklung von Kooperationen in der Wertschöpfungskette der jüngeren Vergangenheit auf. Durch die momentan klar erkennbare Richtungsvorgabe der Automobilhersteller, in stark segmentierte Märkte zu investieren, hat sich der Weg für alle Beteiligten schon stark verändert und wird sich weiter ändern. Basierend auf eigenen Erfahrungen, unterstützend hinzugezogenen Studien, Teilnahmen an Fachvorträgen und Diskussionen sowie die gezielte Befragung von ausgewählten Experten der Automobilindustrie vermittelt die Untersuchung einen klaren und gezielten Blick in die Zukunft. Hier wird die wachsende Komplexität in der Zusammenarbeit zwischen OEM und Zulieferer bzw. Dienstleister aufgezeigt. Darüber hinaus werden Eckpunkte für die engere und noch tiefergehende Kooperation im Rahmen eines möglichen neuen Kooperationsmodells genannt. Um die Theorie der immer weitergehenden Kooperationen zu untermauern werden Informationen hinzugezogen, die durch die persönliche Befragung von ausgewählten Kennern der Automobilbranche gewonnen wurden. Diese Interviews wurden unter Anwendung der Methoden der Empirischen Sozialforschung vorbereitet und durchgeführt. Hier wurde ausdrücklich die Methode der persönlichen Befragung ausgewählt.

Die handlungsleitende Forschungsfrage im Rahmen dieser Untersuchung lautet: Sind die existierenden Kooperationsformen - also die von OEMs und Zulieferern ausgewählten Formen der Zusammenarbeit – in der Lage, die zukünftigen Anforderungen zu erfüllen? Aus der Beantwortung dieser Frage sollen Eckpunkte gefunden werden, die zur Erarbeitung des neuen Kooperationsmodells „Kooperation 2030" unterstützend eingesetzt werden können. Dieses wird dann in einem der letzten Teile der Untersuchung vorgestellt.

Abschließend werden notwendige strukturelle Änderungen nochmals zusammengefasst und Handlungsempfehlungen für OEMs und Zulieferer gegeben.

## 3. Grundlegende Begriffsdefinitionen

In diesem Kapitel sollen einige grundlegende Begriffe aus der Automobilwirtschaft und der Produktionstheorie definiert und erläutert werden. Diese Begriffe werden im Laufe dieser Untersuchung immer wieder Verwendung finden.

### Automobilindustrie

Gemäß dem Verband der Automobilindustrie (VDA) umfasst dieser Begriff die Hersteller von Kraftwagen und Motoren, Anhängern und Aufbauten sowie Hersteller von KFZ-Teilen und Zubehör. Als Synonyme für diesen Begriff gelten auch „Automobilwirtschaft" und „Automobilbranche". Der Forschungsstelle Automobilwirtschaft (FAW) zufolge beinhaltet die Automobilbranche „die Gesamtheit aller an der Produktion, der Distribution, der Aufrechterhaltung der Nutzungsfähigkeit und der letztendlichen Verwendung von Automobilen beteiligten Wirtschaftssubjekte".[4]

### Fahrzeughersteller

In der Literatur existiert keine einheitliche Bestimmung dieses Begriffes. Zum besseren Verständnis erfolgt daher die folgende Abgrenzung: Fahrzeughersteller oder „Original Equipment Manufacturer" (OEM) (vgl. Abschnitt 1 dieser Untersuchung) werden in dieser Untersuchung als wirtschaftliche Einheiten betrachtet, die eigen- oder fremdbezogene Güter zu einem Endprodukt kombinieren und dieses dann am Markt den Endverbrauchern oder auch industriellen Kunden anbieten.

### Zulieferbetrieb

Der Zulieferer versorgt den Fahrzeughersteller mit Leistungen und Produkten, die als wichtige Bestandteile in das Endprodukt einfließen. Diese werden vom Hersteller nicht selbst erstellt, da es sich für ihn entweder als nicht wirtschaftlich darstellt oder das entsprechende technische Know-how nicht vorhanden ist. Erst durch den Verbau der Zulieferteile in das endgültige Produkt – hier ein Automobil – erfüllen sie den eigentlichen Zweck.

---

[4] Vgl. Wallentowitz / Freialdenhoven / Olschewski 2009: 1

Hinsichtlich der Art der Zusammenarbeit können 3 Arten von Zulieferbetrieben unterschieden werden:

Werden Bauteile von Lieferanten in Eigenregie innerhalb gewisser Rahmenbedingungen entwickelt, der Zulieferer aber von der späteren Serienbelieferung ausgeschlossen, spricht man von Entwicklungslieferanten. Ein Produktionslieferant ist ein Betrieb, welcher nach genauen Vorgaben Produkte fertigt, an der Entwicklungsarbeit aber nicht beteiligt war. Diese Lieferanten stellen die Position des Unterlieferanten oder der verlängerten Werkbank des Herstellers dar und bilden so etwas wie seine Kapazitätsreserve. Als dritte Art existiert der kombinierte Entwicklungs- und Serienlieferant, der sowohl Bauteile konstruiert als auch später die Serienbelieferung durchführt. Diesen Lieferanten ist es möglich, sich nicht nur durch optimale Produktionskosten, sondern auch durch vorhandene Entwicklungskompetenz im Wettbewerb zu behaupten.

In der Praxis ist es häufig so, dass gerade kleine und mittelständische Zulieferbetriebe der dritten Kategorie angehören, also die Entwicklung und die Serienproduktion der Bauteile übernehmen. Lieferanten, die nur Entwicklungen durchführen, haben sich in den vergangenen Jahren mehr und mehr zu Entwicklungsdienstleistern spezialisiert.[5]

Neben der Position in der Wertschöpfungskette können dem OEM direkt vorgelagerte Lieferanten der ersten Ebene (sog. „Tier-1-Lieferanten") von den Lieferunternehmen der nachfolgenden Lieferebenen unterschieden werden. Diese werden dann entsprechend als Zulieferer der zweiten und dritten Ebene („Tier-2- bzw. Tier-3-Lieferanten") bezeichnet.

Eine gesonderte Rolle nehmen die sog. „Tier-0,5-Lieferanten" ein. Dabei handelt es sich um Unternehmen, die „das machen, was unsere Kunden selber können."[6] Dabei handelt es sich um Unternehmen, die über die Kompetenz zur Gesamtfahrzeugentwicklung bis hin zur Produktion – also dem letztendlichen Bau der Fahrzeuge - verfügen. Sie bieten diese Pakete teilweise als Dienstleistung an ihre Kunden an, um Kapazitätsengpässe abzufedern oder zeitkritische Entwicklungen für ihre Kunden

[5] Vgl. Heigl / Rennak 2008: 34
[6] Vgl. Johann Ecker, Vice President Corporate Development & Planning der Magna Steyr AG & Co., während der Handelsblatt-Fachtagung „Automobil-Industrie" am 15.07.2011 in München

durchzuführen, die bei den „normalen" Durchläufen der OEMs nicht durchführbar wären.

Es handelt sich dabei um Unternehmen wie Magna Steyr (Österreich), Valmet (Finnland) oder Karmann (Deutschland). Karmann musste allerdings im April 2009 Insolvenz anmelden und wurde z. T. von Volkswagen übernommen.[7]

Wertschöpfung

Unter dem Begriff „Wertschöpfung" versteht man die „Summe des durch die Kombination der Produktionsfaktoren Arbeit, Betriebsmittel und Werkstoffe im Rahmen der Produktion im Unternehmen geschaffener Mehrwert. Er entspricht der betrieblichen Gesamtleistung, vermindert um von Dritten bezogene Vorleistungen. Die Wertschöpfung entspricht dem Beitrag des Unternehmens zum Sozialprodukt des Landes, in dem es ansässig ist."[8] Gabler definiert die Wertschöpfung als „Summe der in einem Unternehmen oder in einer Volkswirtschaft durch den Einsatz von Produktionsfaktoren erbrachten Leistungen. Die Wertschöpfung ergibt sich als Differenz Produktionswert und den Vorleistungen. Oder anders gesagt: die Wertschöpfung beinhaltet alle Prozesse vom Rohstoff bis zum fertigen Produkt" und lässt sich wie folgt errechnen:

Betriebliche Wertschöpfung = Umsatz – Vorleistungen.[9]

Da jedoch die grundsätzliche Betrachtung der Wertschöpfung den Rahmen dieser Untersuchung deutlich übersteigen würde, liegt der Fokus hier auf der Wertschöpfung in der Automobilindustrie einschließlich der Zulieferer.

Outsourcing

Der Begriff Outsourcing ist ein sog. „Kunstwort", das durch Zusammenziehen des Begriffs „Outside resource using" entstanden ist.[10] Darunter wird „der Übergang von bislang im Unternehmen erbrachten Leistungen oder Funktionen an einen externen Dritten" verstanden. Auch wenn einige Autoren hierunter nur einen Spezialfall der „make-or-buy"-Entscheidung verstehen, geht es im Kern aller Definitionen jedoch um

---

[7] Vgl. Hucko: VW schluckt Karmann häppchenweise
[8] Vgl. Weigert / Pepels 1999: 648
[9] Vgl. Gabler 2006: 371
[10] Vgl. Bühner 2001: 562

die Heranziehung externer Ressourcen durch Arbeitsteilung bzw. Spezialisierung entlang der Wertschöpfungskette. Outsourcing-Objekte können dabei nicht nur gut abgrenzbare, einzelne Sach- oder Dienstleistungen sein. Auch komplexe Leistungsbündel, Funktionen oder Prozesse können durch Outsourcing ausgelagert werden.[11]

## 4. Herausforderungen für Hersteller und Zulieferer

Die deutsche Automobilindustrie inklusive der Zulieferer bleibt nach wie vor eine der Schlüsselindustrien für die Bundesrepublik. Mit einem Gesamtumsatz von 263 Mrd. Euro im Jahre 2009 leistet dieser Wirtschaftszweig rund 20 % des Gesamtumsatzes der deutschen Industrie. Die Zahl der direkt in der Branche existierenden Arbeitsplätze beläuft sich auf 723.000 (2009). Zählt man alle Beschäftigten zusammen, die in einem von der Automobilindustrie abhängigen Bereich arbeiten, so kommt man auf eine Gesamtzahl von rund 5 Millionen.[12] Der Exportanteil in der Automobilindustrie liegt für das Jahr 2009 bei rund 70 % mit einem Volumen von 130 Mrd. Euro. Dies bedeutet, dass fast jedes dritte Fahrzeug, welches eine Werkshalle in Deutschland verließ, an einen Kunden im Ausland geliefert wurde.[13] Daher rückt auf der Absatzseite die Bedeutung der ausländischen Märkte in einen besonderen Fokus der Betrachtungen.

## 4.1 Die OEMs in der Globalisierung

Gerade hinsichtlich der Auslandsmärkte fällt der Blick sofort auf den wichtigen Markt in den USA sowie auf die Schwellenländer – allen voran wiederum die sog. „BRIC-Staaten". Hier zeichnen sich durch den wirtschaftlichen Aufschwung dieser Länder verbunden mit einer niedrigen Fahrzeugdichte neue Herausforderungen gerade für die OEMs ab.[14] Die Fahrzeugdichte zeigt die vorhandenen Fahrzeuge pro 1000 Einwohner. Abbildung 2 zeigt die Fahrzeugdichte in den einzelnen Regionen der Welt.

---

[11] Vgl. Bühner 2001: 562
[12] Vgl. Jahresbericht 2010 des Verbandes des Automobilindustrie (VDA): 16
[13] Vgl. Jahresbericht 2010 des Verbandes des Automobilindustrie (VDA): 17
[14] Vgl. Heigl / Rennak :15

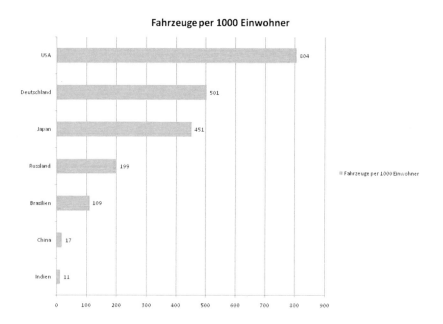

**Fahrzeuge per 1000 Einwohner**

Abbildung 2: Darstellung der Fahrzeugdichte; eigene Darstellung in Anlehnung an: IWK – Institut für Wirtschaftsanalyse und Kommunikation

Daraus resultierend ist das Potenzial in den „Schwellenländern" im Vergleich zu den sog. „Triade-Märkten" enorm. Die Triade Märkte umfassen die Regionen in Nordamerika, Europa und Japan.[15] Allerdings müssen für die jeweiligen Märkte die dort herrschenden Bedingungen (z. B. Kundenwünsche, Altersstruktur der Käufer, Einkommenssituation, vorhandene Infrastruktur, Wettbewerbssituation etc.) beachtet werden. Diese individuellen Gegebenheiten auf den Märkten zwingt die OEMs dazu, ihre eigene Rolle grundlegend neu zu definieren. Das Selbstverständnis der OEMs und verbunden damit das eigene Tätigkeitsfeld werden grundlegend verändert. Ein Hauptpunkt bei dieser neuen Rolle ist es, sich auf markenprägende Aspekte zu konzentrieren. Um das Profil der eigenen Marke zu schärfen, wird eine Vielzahl von Typen- und Ausstattungsvarianten angeboten, die den Erfordernissen der verschiedenen Märkte Rechnung tragen. So rechnet das Institut CAR-Center Automotive Research der Universität Duisburg-Essen für das Jahr 2015 mit 415 verschiedenen Mo-

---

[15] Vgl. Dielmann & Häcker 2010: 5

dellreihen, die den Käufern zum Neuwagenkauf angeboten werden. Zum Vergleich: aktuell können Kunden aus 376 Modellreihen wählen.[16]

Um dies aufzufangen, wird alles, was nicht zur Kernmarke und ihren unmittelbar zuzuordnenden Geschäftsfeldern gehört (z. B. Vertrieb, Service etc.), in Richtung der Zulieferer verlagert.[17] Dieser Wertschöpfungstransfer – um nichts Anderes handelt es sich hier - hat zur Folge, dass die OEM-Eigenleistung von derzeit noch rund 4.000 Euro pro Fahrzeug bis zum Jahr 2015 auf etwa 2.700 Euro sinken wird.[18] Diese neuen Absatzstrategien – bedingt durch eine deutlich gestiegene Anzahl an Ausstattungsvarianten und damit an zusätzlichen Bauteilen - stellen enorme Ansprüche an die Flexibilität von Prozessen.

Auf der Entwicklungsseite wird durch kürzere Produktlebenszyklen und damit verkürzte Entwicklungszeiten die Bedeutung des Faktors „Zeit" immer höher. Hier zeigt sich immer mehr, dass sich die sog. „time to market", also die Entwicklungsperiode zusammen mit der Durchlauf- und Auslieferungsphase zu einer entscheidenden Größe entwickelt hat.[19] Die OEMs begeben sich durch diese Entwicklung in eine Verbindung mit ihren Lieferanten, die durchaus schon fast als „Partnerschaft auf Augenhöhe" bezeichnet werden kann. Allerdings achten die Hersteller darauf, dass die Grenzen zwischen Kunden und Lieferanten nicht zu undeutlich werden. Meist passiert dies während der jährlich stattfindenden Preisverhandlungsrunden. Während dieser Veranstaltungen ist vom Trend zu partnerschaftlichen Verbindungen wenig zu spüren, obwohl diese Entwicklung nicht aufzuhalten zu sein wird. Zu deutlich sind dazu die Verschiebungen in der Wertschöpfungskette. Allerdings wird es noch etwas dauern, bis sich der Umgang zwischen OEM und Zulieferer bzw. Dienstleister endgültig zu einem partnerschaftlichen Verhältnis gewandelt hat. Doch auch die OEMs können sich mit ihren überwiegend monetären Forderungen während der Verhandlungen nur durchsetzen, wenn es auf der Zulieferseite Unternehmen gibt, die auf diese Forderungen eingehen. Da die OEMs durch die immer größere Auffächerung in unterschiedliche Modellreihen und damit verbunden durch sinkende Mengen bei den einzelnen Teilen steigenden Stückkosten gegenüberstehen, befinden sie sich unter

---

[16] Vgl. o. V.: „Auto-Papst" Dudenhöffer rechnet für 2015 mit 415 Auto-Modellen
[17] Vgl. Wilhelm 2009: 97
[18] Vgl. Wilhelm 2009: 95
[19] Vgl. Jürgens 2000: 64

erheblichem und weiter steigendem Kosten- und damit Erfolgsdruck in den Verhandlungen.

## 4.2 Zulieferer zwischen Fahrzeugbauern und Rohstoffmärkten

Durch die Anforderungen der OEMs gegenüber den Zulieferern sind diese in den vergangenen Jahren unter immer größeren Druck geraten. Dieser wurde hauptsächlich in den Bereichen Technologie und Innovation, jedoch noch mehr bei den Kosten spürbar. Die Optimierung auf der Kostenseite hat daher die Handlungen der Zulieferer maßgeblich bestimmt.[20] Sie versuchten, durch die Einführung neuer Logistikformen ihre Lagerhaltungskosten zu senken. Bekannt wurden diese unter den Begriffen „Just-in-Time" (JiT) und „Just-in-Sequence" (JiS).[21] Dies ermöglichte den Zulieferern, ihre Lieferketten („Supply Chain") zu optimieren und damit erhebliche Einsparungen zu erzielen. Je näher sich der Zulieferer in der Nähe des Herstellers befindet, desto höher ist die Verflechtung in die Lieferketten in Richtung OEM. Die Zulieferer in direkter vertraglicher Verbindung zum OEM werden als „Tier-1-Lieferanten" bezeichnet. Solche Unternehmen liefern i. d. R. ganze Fahrzeugmodule oder –systeme.[22] Daneben gibt es noch die Tier-2- und Tier-3-Lieferanten. Die Tier-2-Lieferanten beliefern entweder die Tier-1-Betriebe oder die OEMs direkt mit Subsystem-Komponenten, die Tier-3-Unternehmen liefern Teile entweder an den OEM, den Tier-1- oder den Tier-2-Lieferanten (vgl. Abschnitt 3 dieser Untersuchung).[23] Nachdem anfangs der Fokus dieser Optimierung auf der Produktion und der Distributionslogistik lag, wurde der Wirkungskreis dieser Umstrukturierungen auch auf die Versorgung von Fertigungs- und Montagestandorten ausgeweitet (sog. „Inbound-Logistik"). Hierdurch wurden standortübergreifende Skaleneffekte generiert, was zu weiteren Kostensenkungen geführt hat.[24]

Neben den Auswirkungen, die von der Kundenseite auf die Automobilzulieferer einwirken, stehen die Zulieferbetriebe auf der anderen Seite einer herausfordernden Situation auf den Rohstoffmärkten gegenüber. Hier müssen sie sich mit den benötigten Materialien zur Bedienung der Kundenbedarfe versorgen. Allerdings ist dies gegenwärtig nicht ganz einfach. Besonders die Zulieferbetriebe aus dem Bereich

---

[20] Vgl. Miebach Consulting: Branchenstudie: Kooperationen in der Automobilindustrie
[21] Vgl. Lamming 1994: 284
[22] Vgl. Dielmann & Häcker 2010: 39
[23] Vgl. Miebach Consulting: Branchenstudie: Kooperationen in der Automobilindustrie
[24] Vgl. Miebach Consulting: Branchenstudie: Kooperationen in der Automobilindustrie

Metall sehen sich besonderen Versorgungssituationen ausgesetzt. Die Rohstoff-nachfrage aus den Schwellenländern ist gewaltig und wird in den nächsten Jahren weiter ansteigen. Auf der anderen Seite ist das Angebot begrenzt. Einige Metall-Rohstoffe sind auf den Märkten z. T. nur mit extrem langen Lieferzeiten – Vorlauf von 8 – 10 Monaten ist bei einigen Qualitäten normal - oder gar nicht zu bekommen. Und wenn Material verfügbar ist, sind Preissteigerungen im zweistelligen Prozentbereich keine Seltenheit. Darüber hinaus ist die Versorgungssituation auf den Weltmärkten nicht mehr nur ein reines kommerzielles Geschäft zwischen zwei Vertragspartnern, sondern wird zunehmend von geopolitischen Einflüssen geprägt.[25] Immer öfter wer-den langfristige und großvolumige Lieferverträge nicht mehr zwischen Unternehmen, sondern zwischen Regierungen geschlossen. Gerade China verknüpft mehr und mehr seine Handlungen an den Rohstoffmärkten mit politischen Aspekten. So hat das Land beispielsweise seinen Export von sog. „seltenen Erden" nach Japan nach einer Grenzstreitigkeit wegen einer unbewohnten Inselgruppe im Ostchinesischen Meer im September 2010 nahezu vollständig gestoppt.[26] Bei den sog. „Seltenen Er-den" handelt es sich um eine Gruppe von etwa 17 besonderen Erzen, die für die Herstellung von Hybridfahrzeugen, Windturbinen und Halbleitern benötigt werden.[27] Da China bei vielen dieser Rohstoffe (u. a. geht es um die Materialien Scandium, Terbium und Yttrium[28]) über 95 % der Weltproduktion abdeckt, geraten viele Nach-frager schnell in Versorgungsschwierigkeiten. So wird z. B. für das Jahr 2015 bedingt durch steigende Nachfrage und Verknappung des Angebots bereits mit einer Versor-gungslücke beim wichtigen Material Lithium gerechnet.[29] Dieses Material wird für die Lithium-Ionen-Akkus vieler Hybrid-Fahrzeuge benötigt.

Auch bei der grundlegenden Rohstoffversorgung mit Stahl- und Eisenprodukten ha-ben sich in der jüngeren Vergangenheit signifikante Änderungen ergeben. Die drei großen Produzenten von Eisenerzen – die Unternehmen Rio Tinto (Australien), Vale (Brasilien) und BHP Billiton (Großbritannien) – haben die bisherige Praxis, Verträge über ein Kalenderjahr abzuschließen, kurzerhand abgeschafft und damit große Tur-bulenzen in der Branche ausgelöst.[30] Die drei Unternehmen bilden das globale Erz-

---

[25] Vgl. Rücken 2011: 1
[26] Vgl. Buhl 2011: 1
[27] Vgl. Kölling & Fahrion 2010: 1
[28] Vgl. Kölling & Fahrion 2010: 1
[29] Vgl. Burmeister 2011: 30
[30] Vgl. Bialdiga 2011: 1

Oligopol und kontrollieren 70 % des globalen Handels.[31] Ziel der Erzproduzenten ist es, möglichst jeden Monat die Preise neu zu verhandeln. Aktuell werden die Preise in jedem Quartal neu ausgehandelt. Dies sorgt für große Unsicherheiten bei den Unternehmen in der Automobilbranche, da es keinerlei mittel- und längerfristigen Planungssicherheiten hinsichtlich der Materialpreise mehr gibt. Darüber hinaus sind die Unternehmen auf die Lieferungen der großen Rohstoffkonzerne angewiesen, so dass sie den Forderungen während der Verhandlungen wenig entgegenzusetzen haben.[32]

Nicht ohne Grund fordern bereits führende Köpfe der Automobilindustrie die Schaffung einer „Deutschen Rohstoff AG" unter Beteiligung der Bundesrepublik Deutschland, um die zentralen Fragen der Rohstoffversorgung für die deutsche Wirtschaft nachhaltig zu beantworten. Eine derartige Gesellschaft könnte sich z. B. direkt an Minenprojekten oder der Ersteigerung von Schürfrechten beteiligen.[33]

Zusammenfassend lässt sich hier sagen, dass sich sowohl die OEMs selbst als auch die Automobilzulieferer auf völlig neue Gegebenheiten an den Märkten einstellen müssen. Es kommen neue Märkte hinzu (Stichwort: Schwellenländer), die bestehenden, etablierten Märkte der sog. „Triade" (vgl. Abschnitt 2 dieser Untersuchung) zeigen Anzeichen der Sättigung und müssen daher mit einer überarbeiteten Absatzstrategie neu erschlossen werden. Hier können zusätzliche Umsätze und Gewinne nur noch durch einen „sehr brutalen Verdrängungswettbewerb erzielt werden."[34] Die zusätzlichen Ressourcen, die hierfür bei den OEMs zur Verfügung gestellt werden müssen, werden nicht aufgebaut, sondern durch Verlagerung von Wertschöpfungsaktivitäten in Richtung der Zulieferer freigemacht. Das stellt diese vor neue Herausforderungen. Sie müssen qualitativ und quantitativ ein völlig neues Niveau an Leistungen für ihre Kunden erbringen, was die OEMs jedoch nicht immer bereit sind, entsprechend zu entlohnen. Daher müssen auch die Zulieferer ständig an Optimierungen in Strukturen und Prozessen arbeiten, um die eigene Effizienz zu erhöhen. An-

---

[31] Vgl. Bialdiga 2011: 1
[32] Vgl. Bialdiga 2010: 1
[33] Vgl. Bialdiga 2011: 1
[34] Vgl. Rupert Stadler, Vorstandsvorsitzender der Audi AG, während der Handelsblatt-Fachtagung „Automobil-Industrie" am 14.07.2011 in München

dererseits ist auch seitens der OEMs ein Umdenken notwendig, da auch sie auf „ein notwendiges System an Partnerschaften" angewiesen sind.[35]

### 4.3 Umwälzungen in der Wertschöpfungskette

Die Art und Weise, wie in der Automobilindustrie entwickelt, beschafft, produziert und vertrieben wird, hat sich in den letzten Jahren deutlich gewandelt und wird sich weiter verändern.[36] Die gesamt Branche durchläuft eine tiefgreifende und nachhaltige Veränderung, die eine strategische Neuausrichtung von allen Wertschöpfungspartnern erfordert.[37]

Auf der Produktseite vollzieht sich mit sehr hoher Geschwindigkeit eine starke Auffächerung in immer neu entwickelte Marktsegmente. Die Zahl der möglichen Ausstattungsvarianten und damit der Bauteile ist drastisch angestiegen (vgl. Abschnitt 4.1 dieser Untersuchung). Gleichzeitig steigt der Kostendruck parallel zur Innovationsgeschwindigkeit, da die Produktlebenszyklen immer kürzer werden. So betrug der Produktlebenszyklus des Volkswagen Golf II noch ganze 10 Jahre, der im Jahr 2003 eingeführte Golf V wurde bereits 2008 wieder abgelöst.[38] Damit einher gehen auch die immer kürzeren Entwicklungszeiten. Durchschnittlich 24 Monate dauerte im Jahr 2006 die Fahrzeugentwicklung. Innerhalb der Branche variiert dieser Durchschnitt zwischen 17 und 31 Monaten. Gegenüber der Entwicklungsdauer von 58 Monaten aus dem Jahr 1990 wurde dieser Wert mehr als halbiert. Seit 1990 ist eine Verkürzung der durchschnittlichen Entwicklungsdauer alle 4 Jahre um 6 bis 7 Monate zu verzeichnen.[39] Dies erschwert die Marktsituation für alle Beteiligten. Und auch im Ausblick auf die Zukunft erwartet die Automobilbranche weiter steigenden Innovationsdruck. Als Schlagworte seien hier genannt die Entwicklung von alternativen Antrieben wie dem Elektro-, Hybrid- oder dem Wasserstoffantrieb sowie alternative Werkstoffe zur Reduzierung des Gesamtfahrzeuggewichtes.[40] Am Ende dieser Evo-

---

[35] Vgl. Rupert Stadler, Vorstandsvorsitzender der Audi AG, während der Handelsblatt-Fachtagung „Automobil-Industrie" am 14.07.2011 in München
[36] Vgl. Mattes, Meffert, Landwehr & Koers 2003: 72
[37] Vgl. Mattes, Meffert, Landwehr & Koers 2003: 73
[38] Vgl. Wallentowitz / Freialdenhoven / Olschewski 2009: 30
[39] Vgl. Wallentowitz / Freialdenhoven / Olschewski 2009: 30
[40] Vgl. Wilhelm 2009: 94

lutionsstufe erwarten Experten einen Anstieg der Wertschöpfung bei den Automobilzulieferern bis 2015 um 40 %.[41]

Die Verschiebungen bei der Wertschöpfung, wie sie heute stattfinden, bedeutet nichts anderes, als das die OEMs alle nicht-markenrelevanten Tätigkeiten in Richtung ihrer Zulieferer – also entlang der Wertschöpfungskette - verlagern.

Die Wertschöpfungskette geht auf ein Management-Konzept des US-amerikanischen Betriebswirtes Michael Porter (*1947) zurück. Dieses stellt alle zusammenhängenden Unternehmensaktivitäten des Geschäftsprozesses grafisch dar. Danach wird der Gesamtprozess in fünf Primäraktivitäten, die die eigentliche Wertschöpfung darstellen, sowie 4 unterstützende Aktivitäten, die den Wertschöpfungsprozess ergänzen, unterteilt.[42]

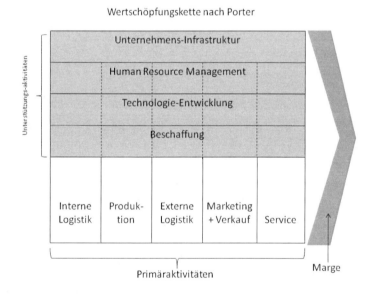

Abbildung 2: Darstellung Wertschöpfungskette; eigene Darstellung in Anlehnung an: Gabler – Kompakt-Lexikon Wirtschaft

Die Hersteller selbst konzentrieren sich auf eigene Kernkompetenzen sowie markenrelevante Aspekte (vgl. Abschnitt 3.1 dieser Untersuchung). Hier rücken dann die

---

[41] Vgl. Mercer Management Consulting: FAST Studie 2015
[42] Vgl. Gabler 2006: 371

Begriffe der Eigenleistung und der Fremdleistung in den Blickpunkt. Durch eine Verschiebung der Wertschöpfungsaktivitäten reduzieren die Hersteller die Eigenleistung und erhöhen die Fremdleistung. Oder kurz gesagt: die OEMs bedienen sich der Strategie des Outsourcing.

### 4.3.1 Arbeitsteilung Outsourcing

Outsourcing wurde bereits in den achtziger und neunziger Jahren des 20. Jahrhunderts angewandt. Jedoch wurde zu dieser Zeit darunter mehr die klassische Beantwortung der Frage „make-or-buy" verstanden, also einen Arbeitsschritt selbst auszuführen oder im Rahmen der Beschaffung von einem externen Unternehmen zu beziehen.[43]

Durch das Outsourcing verschiebt sich der Anteil der Eigenleistung zugunsten der Fremdleistung. Um diesen Anteil grundsätzlich bestimmen zu können, wird häufig die Fertigungstiefe herangezogen.[44] Hierunter wird „der Umfang der Teilleistung verstanden, die unter dem Dach des Automobilherstellers von diesem selbst oder von zugehörigen Unternehmen mit Mehrheitsbeteiligung erbracht wird" verstanden.[45] In früheren Zeiten operierten die deutschen Automobilhersteller mit Fertigungstiefen zwischen 40 und 50 %.[46] Allerdings sind diese Zeiten längst vorbei. So ermittelte der Verband der Automobilindustrie (VDA) im Rahmen seiner Studie FAST 2015 für das Jahr 2002 eine durchschnittliche Fertigungstiefe von 35 %. Bis zum Jahr 2015 soll sich diese noch bis auf 23 % reduzieren.[47] Dies bedeutet, dass die Automobilhersteller auch weiterhin die Eigenleistungen reduzieren und die Fremdleistungen ausbauen – damit wird die Fertigungstiefe weiter verringert und das Outsourcing vorangetrieben. Zum Vergleich: das gesamte verarbeitende Gewerbe in Deutschland kam für das Jahr 2002 auf eine Fertigungstiefe von 75 % in der Produktion und auf 69 % in der Entwicklung.[48]

Grundsätzlich handelt es sich beim Outsourcing um einen bekannten und bewährten Prozess. Dabei ist es erst einmal gleich, ob das Outsourcing auf ein Bauteil, ein Subsystem oder ein ganzes Modul Anwendung findet. Allerdings ist innerhalb der Auto-

---

[43] Vgl. Wilhelm 2009: 95
[44] Vgl. Wilhelm 2009: 96
[45] Vgl. Wilhelm 2009: 94
[46] Vgl. Weiss 1999: 48
[47] Vgl. Verband der Automobilindustrie – Studie FAST 2015
[48] Vgl. Kinkel & Lay 2003: 1

mobilindustrie zu beobachten, dass die Wahl der Fertigungstiefe und damit der Anteil des Outsourcings innerhalb der Hersteller variieren können. So reduzieren vor allem Volumenhersteller aus Kostengründen die Fertigungstiefe, wohingegen Premiumhersteller zur Produktdiversifizierung den Eigenanteil erhöhen.[49]

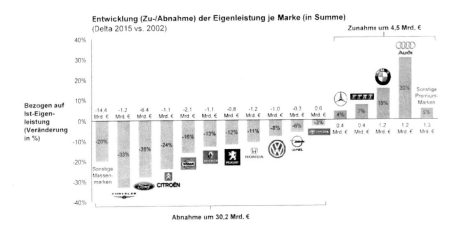

Abbildung 3: Entwicklung der Eigenleistung je Marke; Quelle: Mercer Management Consulting FAST Studie 2015

Abbildung 3 zeigt deutlich, dass gerade Volumenhersteller das Outsourcing ausgeweitet haben, während die Premiumhersteller eine Reduzierung der Fremd- und damit eine Erhöhung der Eigenleistung durchführen. Dies lässt sich mit zusätzlichen Systemen in den Fahrzeugen begründen, die lediglich in der Premiumklasse angeboten werden. Genannt werden können da z. B. die Verkehrsschilderkennung, Einparkassistent oder die Rückfahrkamera.[50]

Insgesamt lässt sich sagen, dass sich das Outsourcing in den vergangenen Jahren vom Fällen der klassischen „Make-or-buy"-Entscheidung zu einem wichtigen Bereich im Geschäftsprozess weiterentwickelt hat. Allerdings kann eine erfolgreiche Outsourcing-Strategie nur gestaltet werden, wenn die ausgelagerte Aktivität sehr eng an die eigene Organisation angebunden bleibt. Dies kann nur durch eine Kooperation mit dem jeweiligen Lieferanten geschehen, da die wesentlichen Herausforderungen ei-

---

[49] Vgl. Mercer Management Consulting: FAST Studie 2015
[50] Vgl. Mercer Management Consulting: FAST Studie 2015

ner erfolgreichen Outsourcing-Strategie u. a. die Sicherstellung einer hohen Kommunikationsintensität und eine abgestimmte Problemlösung beinhalten.[51] Zusammengenommen mit den Veränderungen innerhalb der Wertschöpfungskette sind hier Kooperationsmodelle erforderlich, die die Produktionskonzepte der Zukunft widerspiegeln. Eine flexible Allokation von Leistungsbündeln zwischen vernetzten Spezialisten ersetzt zunehmend Unternehmen, die unterschiedliche Bereiche unter einem Dach zusammenfassen. Die Outsourcing-Aktivitäten sind auf dem Vormarsch und werden weiter zunehmen. Allerdings bleibt auch die Erkenntnis, dass markenspezifische Identifizierungsmerkmale – gerade im Premiumsegment – zur besseren Diversifikation unter der Regie der Hersteller bleiben werden. Allerdings wird auch von den Zulieferern mittlerweile der endkundenrelevante Markenwert konsequent weiterentwickelt, was jedoch von den OEMs gesteuert wird.

**4.4 Zukünftige Geschäftsmodelle**

Um den sich verändernden Bedingungen auf den globalen Märkten Rechnung zu tragen, müssen sowohl OEMs als auch Zulieferer frühzeitig, besonnen und nachhaltig handeln. Als Schlüssel zum Erfolg bei stetig steigendem Innovations- und Kostendruck in einem immer dynamischeren Wettbewerb gelten neue Geschäftsmodelle, die helfen sollen, die mittel- und langfristigen Anforderungen an OEMs und Zulieferer zu erfüllen. Gerade die OEMs sind an dem Punkt angelangt, an dem sie mit ihren bisherigen „statischen" Unternehmensstrategien keine Fortschritte mehr erzielen können.[52] Diese sind von unflexiblen Prozessen und Verfahren gekennzeichnet. Darüber hinaus erlauben diese Strategien nicht oder nur sehr begrenzt, auf neue Gegebenheiten und Entwicklungen auf den Märkten zu reagieren.

**4.4.1 Konzentration und Konsolidierung**

Die Automobilindustrie befindet sich momentan in einem Prozess der Unternehmenskonsolidierung bzw. der Unternehmenskonzentration.[53] Gleichzeitig sind die Beteiligten dabei, benötigte neue Strategien zu entwickeln und umzusetzen. Die Gründe dafür sind vielfältig, jedoch sind die Hauptargumente bei den finanziellen,

---

[51] Vgl. Wilhelm 2009: 98
[52] Vgl. Proff / Proff 2008: 76
[53] Vgl. Wilhelm 2009: 101

technologischen und strategischen Aspekten zu suchen. Nicht zuletzt ausgelöst durch die jüngste Wirtschafts- und Finanzkrise, die OEMs und Zulieferern z. T. erhebliche finanzielle Probleme beschert hat, befinden sich viele Unternehmen der Branche in finanzstrukturellen Schwierigkeiten. So haben rund 30 % der Zulieferbetriebe mit finanziellen Problemen zu kämpfen und sind akut existenzbedroht.[54] Viele dieser Unternehmen können nicht aus eigener Kraft überleben und sind daher auf Einstieg von Investoren angewiesen. Daher wird die Unternehmenskonzentration nach Expertenmeinungen noch weiter zunehmen: für den Zeitraum von 2015 bis 2018 wird erwartet, dass die Zahl der Automobilzulieferer sich auf rund 2.800 Betriebe reduziert und die Zahl der Fahrzeughersteller auf etwa 10 unabhängige Automobilkonzerne sinken wird.[55]

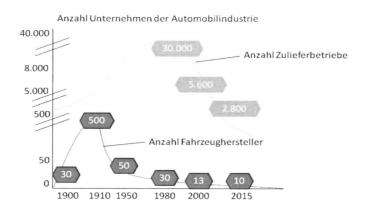

Abbildung 4: Anzahl der Unternehmen in der Automobilindustrie; eigene Darstellung, angelehnt an Mercer Management Consulting: FAST Studie 2015

Gerade für die Zulieferbetriebe ergeben sich aus dieser Entwicklung neue Anforderungen, deren Erfüllung über die Zukunftsfähigkeit der Betriebe entscheiden kann. So müssen sich die Zulieferer als integrativer Bestandteil der Wertschöpfungskette etablieren, um von den neuen, dynamischen Strategien der Fahrzeughersteller profi-

---

[54] Vgl. Mercer Management Consulting: FAST Studie 2015
[55] Vgl. Mercer Management Consulting: FAST Studie 2015

tieren zu können. Sie müssen technologisch innovativ sein, neue Geschäftsmodelle entwickeln und dabei – unabhängig von der Ausgestaltung – nachhaltige und dauerhafte Partnerschaften mit den Fahrzeugherstellern eingehen. Dabei ist die eigene Wettbewerbsfähigkeit mit einer gesunden finanziellen Struktur auf einer Stufe anzusehen wie Innovationsfähigkeit und Technologieführerschaft. Die sich hieraus ergebenden Wettbewerbsvorteile bringen die Zulieferbetriebe in die Lage, sich als verlässlicher und vertrauenswürdiger Partner der Fahrzeughersteller zu positionieren.

Zusammenfassend lässt sich feststellen, dass sich die gesamte Automobilindustrie momentan in einer Umbruchphase befindet. Es ist davon auszugehen, dass sich dies auch noch über die nächsten Jahre erstrecken wird. Die Herausforderungen sind enorm und mit Nichts zu vergleichen, was die beteiligten Unternehmen bisher zu bewältigen hatten. Besonders die Zulieferbetriebe sind dabei in der Situation, immer mehr Leistungen erbringen zu müssen, dies aber nicht immer entsprechend entlohnt zu bekommen. Dabei stecken sie in der Zwickmühle zwischen den OEMs mit unterschiedlichen Forderungen und Arbeitsweisen und anderen Stakeholdern der Unternehmensumwelt. Gerade die Letztgenannten machen vielen kleinen und kleineren Unternehmen, die nicht die entsprechende Marktmacht besitzen – beispielsweise bei der Rohstoffversorgung - doch sehr zu schaffen. Dabei sind es gerade die Fahrzeughersteller, die mit ihren strategischen Entscheidungen über die Zukunft maßgeblich auf die Situation bei ihren Zulieferern Einfluss nehmen (können).

## 5 Zukunftsstrategien der Automobilhersteller

Die strategischen Zukunftsplanungen müssen vor allem die internationalen Aspekte der OEMs berücksichtigen. Gerade in Zeiten zunehmender Planungsunsicherheit ist die Definition der anzustrebenden Ziele wichtig, um dem Unternehmen eine klare Ausrichtung zu geben.[56] Die zunehmende Komplexität der geschäftlichen Umwelt im Zuge der Globalisierung zusammen mit der Verschärfung des internationalen Wettbewerbs lässt den OEMs keine Wahl. Um erfolgreich und zukunftsfähig zu sein, müssen sie ihre Unternehmensstrategie hinsichtlich von Internationalisierungsprozessen sorgfältig beurteilen.[57] Dabei ist zu berücksichtigen, dass die neu aufgestell-

---

[56] Vgl. Proff / Proff 2008: 96
[57] Vgl. Barsauskas / Schafir 2003: 163

ten Unternehmensstrategien nicht mehr die statischen Merkmale früherer Planungen aufweisen (vgl. Abschnitt 4.4 dieser Untersuchung), sondern den dynamischen Entwicklungen auf den Märkten Rechnung tragen. Die wichtigste Aufgabe bei der Bereitstellung einer modernen Strategie ist die Sicherung des Überlebens in einer multinationalen Geschäftswelt.[58]

Vor dem Hintergrund der zu bewältigenden Herausforderungen, die für eine erfolgreiche Zukunft unumgänglich sind, haben die Fahrzeughersteller verschiedene strategische Handlungs- bzw. Planungsoptionen. Diese liegen grob formuliert in den Bereichen:

1     Geografische Positionierung

2     Alternative Antriebsenergien

3     Horizontale und vertikale Integration sowie strategische Allianzen

4     Finanzierungsstrategien


Sind die OEMs in der Lage, diese Fragen zu beantworten und eine nachhaltige Unternehmensstrategie zu formulieren, ist eine erfolgreiche Zukunft durchaus realistisch.


## 5.1 Strategische Handlungsoptionen der Automobilhersteller


1.) Geografische Positionierung

Der weltweite Automobilmarkt wird weiter wachsen. Allerdings wird ein Großteil dieser zusätzlichen Umsätze und Gewinne in den sog. „Schwellenländern" generiert (vgl. Abschnitt 3.1 dieser Untersuchung). Die OEMs werden dies berücksichtigen und ihre Absatzstrategie entsprechend ausrichten. Liegt dann noch keine Prasenz auf dem Zielmarkt vor, bleibt für die Hersteller die Frage zu beantworten, ob man diesen Markt selbst erschließt oder durch Akquisitionen bzw. Beteiligungen Zugang bekommt. Darüber hinaus muss geklärt werden, ob die aktuelle Modellpalette den Anforderungen des Zielmarktes entspricht (z. B. sind passende Technologien vorhanden, sind die Fahrzeuge für die Menschen bezahlbar etc.) oder ob eventuell

---

[58] Vgl. Barsauskas / Schafir 2003: 165

durch die Übernahme eines Wettbewerbers die passenden Voraussetzungen ge-schaffen werden können. Auch können Gründe anderer Natur dafür sprechen, einen anderen OEM zu übernehmen. Es kann darauf abgezielt werden, Potentiale zur Kos-tenoptimierung zu schaffen und zu nutzen. Diese Synergien können z. B. auf der Be-schaffungsseite, in der Logistik oder der Auslastung von Produktionsstätten generiert werden. Diese ermöglichen markenübergreifende Kostensenkungen, die an die Kun-den weitergegeben werden (können) und dazu beitragen, die Attraktivität des Mar-kenportfolios weiter zu stärken.[59]

Auch auf der technischen Seite sind Synergien möglich. Es kann beispielsweise durch eine Übernahme oder eine Minderheitsbeteiligung der Zugang zu Technolo-gien ermöglicht werden, die im eigenen Konzern bisher nicht verfügbar waren. Nicht zuletzt aus diesen Gründen haben die OEMs in der jüngeren Vergangenheit andere Fahrzeughersteller übernommen bzw. sich an ihnen beteiligt. Beispielsweise hat Volkswagen im Herbst 2009 einen Anteil von 19,9 % am japanischen Autobauer Su-zuki erworben und ist bestrebt, diesen weiter auszubauen.[60] Durch diese Maßnahme konnte Volkswagen nicht nur den zukunftsträchtigen Markt Indien erschließen, auf dem Suzuki mit seinem indischen Partner Maruti mit einem Marktanteil von über 50 % alleiniger Marktführer ist (zum Vergleich: Volkswagen wird in Indien als Luxus-marke eingestuft und verbucht einen Marktanteil von ca. 1 %).[61] Andererseits konnte erreicht werden, dass Suzuki verhältnismäßig kostengünstig die Technologie für das Segment der Kleinwagen liefert, die unterhalb der jetzigen Volkswagen-Modelle an-gesiedelt werden können. Außerdem verfügt Suzuki im Gegensatz zu Volkswagen über eine Motorrad- und Motorrollersparte. Gerade in den sog. „Schwellenländern" stellen Motorräder und -roller für finanzschwächere Interessenten eine Alternative zum Auto dar.[62] Suzuki könnte Volkswagen außerdem die Funktionsweisen des indi-schen Marktes erläutern und dabei helfen, eine Neupositionierung der Marke Volks-wagen durchzuführen. Doch auch Suzuki profitiert vom Einstieg: die Japaner können auf die erfolgreiche Dieselmotoren-Technologie von Volkswagen zurückgreifen. Suzuki ist zu klein, um derartige Motoren selbst zu entwickeln, jedoch werden spar-same und umweltschonende Antriebe benötigt. Volkswagen hofft im Umkehrschluss

---

[59] Vgl. Dielmann & Häcker 2010: 73
[60] Vgl. Hucko: VW arbeitet an Modell für Indien
[61] Vgl. Dielmann & Häcker 2010: 51
[62] Vgl. Dielmann & Häcker 2010: 53

auf Dauer, seine Beteiligung auf über 50 % zu erhöhen und damit die Marke Suzuki als elfte Marke im eigenen Konzern zu integrieren.[63]

An diesem Beispiel lässt sich die jüngste Entwicklung in der Automobilindustrie erkennen: die Konzentration von Unternehmen[64] (vgl. Abschnitt 3.4 dieser Untersuchung). Dieser Trend macht natürlich auch vor den Zukunftsstrategien der OEMs nicht halt und wirkt damit auch auf die Zulieferbetriebe. Innerhalb der gesamten Branche schließen sich Unternehmen zusammen. Bei den Zulieferern entstehen hauptsächlich auf der Ebene der Tier-1-Lieferanten große Zulieferkonzerne wie z. B. die Unternehmen Bosch, Delphi oder Johnson Controls. Diese Unternehmen sind heutzutage als Lieferanten der Automobilkonzerne etabliert. Die Fahrzeughersteller wiederum schätzen neben der Kompetenz und dem Leistungsangebot der Zulieferbetriebe mittlerweile auch deren zunehmende globale Präsenz. Als Ergebnis der Neuausrichtung der Unternehmensstrategien der OEMs bedarf es eines völlig neuen Verständnisses der Zusammenarbeit zwischen den Fahrzeugherstellern und den Zulieferern.

2.) Alternative Antriebstechnologie

Noch intensiver als der Punkt „Geografische Positionierung" wird der Aspekt „nachhaltige Mobilität" die Automobilindustrie verändern.

Einer der Taktgeber des automobilen Wandels ist die Veränderung in der Lebenssituation der Menschen. 1975 lebten ca. 38 % der Menschen in Städten, 2008 bereits 50 %. Für das Jahr 2030 wird prognostiziert, dass 66 % der Menschen in Städten leben. Demzufolge nimmt die Bevölkerungszahl auf dem Land stark ab. Diese Entwicklung wird sich überwiegend in den Schwellenländern zutragen, da bereits heute 20 der 30 größten Städte in Asien und Lateinamerika liegen.[65]

Durch u. a. den Klimawandel und die hohe Umweltbelastung durch die Verstädterung der Bevölkerung sowie die Verknappung der fossilen Rohstoffe machen völlig neue Mobilitätskonzepte erforderlich. Ein Eckpfeiler dieser Konzepte sind die postfossilen Antriebssysteme.

---

[63] Vgl. VW/Suzuki: Traumziel Indien
[64] Vgl. Wilhelm 2009: 101
[65] Vgl. Burmeister 2011: 23

Die Volatilität der Rohstoffmärkte im Allgemeinen und der Ölpreise im Besonderen, die immer strengeren Emissionsauflagen seitens der Behörden sowie die Kundennachfrage nach nachhaltigen „grünen" Produkten werfen eine zentrale Frage auf: Wie sieht die Antriebstechnologie der Zukunft aus?

Bereits heute existiert eine Reihe von alternativen Technologien zum klassischen Verbrennungsmotor, die jedoch in der jeweiligen Entwicklung unterschiedlich weit vorangeschritten sind:

Übersicht alternativer Antriebsenergien & Führender Hersteller

| Verbrennungsmotor | Voll-Hybrid | Elektromotor |
|---|---|---|
| Benzin<br>Diesel<br>Erdgas (CNG/LPG)<br>Wasserstoff | Benzin<br>Diesel<br>Erdgas | Plug-in-Hybrid<br>(E-Fahrzeuge mit Generator)<br>Brennstoffzellen Fahrzeug<br>Elektrofahrzeug |

| | Erdgas | Voll-Hybrid | Plug-in / E-Fz. | Brennstoffz. |
|---|---|---|---|---|
| Führende<br>Hersteller | • VW<br>• GM<br>• Fiat<br>• Ford<br>•Daimler | •Toyota<br>•GM<br>•Ford | •Mitsubishi<br>•BYD<br>•Tesla<br>•GM | •Daimler<br>•GM<br>•Honda |
| Verfügbare<br>Fahrzeuge<br>(Auszug) | •VW Touran<br>•Opel Zafira<br>•Fiat Panda<br>•Ford C-Max<br>•Mercedes B-Klasse | •Toyota Prius<br>•Lexus RX 400h<br>•Chevrolet Tahoe<br>•Ford Mariner | •Mitsubishi MiEV<br>•BYD F3DM<br>•Tesla Roadster | keine |
| Breite Markt-<br>Verfügbarkeit | Bis 2012 | Ab 2010 - 2014 | Ab 2015 - 2020 | Nicht absehbar |

Abbildung 5: Übersicht der verfügbaren alternativen Antriebsenergien & der führenden Hersteller. Eigene Darstellung, angelehnt an A.T. Kearney, Studie „Sparsam, sauber elektrisch? Das Rennen um den Antrieb der Zukunft"

Nahezu alle OEMs befassen sich bereits mit der Thematik, jedoch sind deutliche Unterschiede bei der Festlegung des Forschungsschwerpunktes zu erkennen.[66] Außerdem vollzieht sich die Entwicklung alternativer Antriebe nur schleppend. Dies liegt u. a. an langen Modellzyklen, unflexiblen Unternehmensstrukturen und Defiziten bei der Prioritätensetzung im F&E-Bereich. Auch der verhältnismäßig geringe Anteil (0,5 – 1

---

[66] Vgl. Dielmann & Häcker 2010: 61

%) der alternativen Antriebe im Portfolio der Hersteller sorgt für strategische Unsicherheit und Zurückhaltung bei der Investition in den technologischen Wandel.[67] Bislang haben sich die europäischen OEMs fast ausschließlich auf Erdgasfahrzeuge konzentriert, wohingegen die japanischen und amerikanischen OEMs sich überwiegend mit dem Hybridsystem beschäftigten (vgl. Abbildung 5).

In den kommenden Jahren wird der Erdgas-, Voll-Hybrid- und Elektroantrieb eine breite Marktverfügbarkeit erreichen. Die Brennstoffzelle wird wohl – hauptsächlich aus Kostengründen – in absehbarer Zeit nicht in großer Marktbreite zur Verfügung stehen.

Die Entwicklung alternativer Antriebe bringt die Zulieferbetriebe in eine interessante Position. Die konventionellen Antriebstechniken sicherten bei den OEMs einen hohen Anteil an der Wertschöpfung. Dieser Anteil nimmt in den letzten Jahren gerade bei modernen Verbrennungsmotoren ab: Innovationen wie Turbolader oder Benzin-Direkteinspritzung wurden allesamt von Zulieferern konzipiert, wodurch die technologische Abhängigkeit der OEMs von wichtigen Systemlieferanten gestiegen ist.[68] Die OEMs können mit diesem hohen Spezialisierungsgrad (noch) nicht mithalten. Schaut man auf die alternativen Antriebe, so wird die Abhängigkeit noch deutlicher: ist bei einem konventionellen Antriebsstrang die Wertschöpfung der OEMs noch bei durchschnittlich 51 %, sind es bei einem Benzin-Hybrid-Fahrzeug nur noch 32 % und bei einem Elektrofahrzeug fast 0 %.[69]

Die Herausforderung an dieser Stelle wird für die OEMs sein, den Anteil an der Wertschöpfung wieder zurückzugewinnen und dabei aber die Konzentration auf das Kerngeschäft aufrechtzuerhalten. Möglichkeiten, diesen Spagat zu meistern, bieten die horizontale Integration in Form von Kooperationen bzw. strategischen Allianzen oder Übernahmen anderer Hersteller. Durch diese Option kann vom technologischen Vorteil eines Wettbewerbers profitiert werden. Bei einer vertikalen Kooperation wird ein Zulieferer mit dem entsprechenden technischen Know-how in die Prozesse der OEMs integriert. Eine vollständige Übernahme ist hier jedoch sehr selten, allerdings gibt es Fälle einer Minderheitsbeteiligung eines OEM an einem Zulieferer. Als Beispiel kann hier die Beteiligung von Volkswagen am Kohlefaserspezialisten SGL Car-

---

[67] Vgl. A.T. Kearney: Studie „Sparsam, sauber elektrisch? Das Rennen um den Antrieb der Zukunft"
[68] Vgl. Dielmann & Häcker 2010: 64
[69] Vgl. A.T. Kearney: Studie „Sparsam, sauber elektrisch? Das Rennen um den Antrieb der Zukunft"

bon SE in Höhe von 8,18 % genannt werden.[70] SGL Carbon ist ein führender Hersteller von Kohlefaserprodukten, die für Leichtbaumodelle verwendet werden. Die Automobilindustrie erhofft sich von Bauteilen aus Kohlefaser eine Gewichtsreduzierung und damit weniger Treibstoffverbrauch und weniger $CO^2$-Emissionen. Was jedoch getan wird, hängt von der strategischen Ausrichtung der OEMs ab.[71]

Neben den genannten technologischen Aufgaben warten auf die OEMs weitere grundlegende Herausforderungen auf diesem Gebiet. Stellvertretend kann hier die Erforschung von Einsatzmöglichkeiten z. B. im Bereich der Nanotechnologie, der Bionik oder der weiteren Nutzung der Informationstechnologie (IT) sein.[72] Dies soll aber nur kurz darstellen, dass die Arbeit im Bereich der F&E noch für eine längere Zeit ausreichend vorhanden ist. Weitere Ausführungen wird es dazu im Rahmen dieser Arbeit nicht geben. Dies würde den Rahmen deutlich sprengen.

3.) Horizontale und vertikale Integration sowie strategische Allianzen

Wie schon im Verlaufe dieser Untersuchung genannt, ergeben sich eine Reihe von Gründen und Motiven zur Schließung einer strategischen Allianz bzw. zur horizontalen und vertikalen Integration eines Wettbewerbers/Zulieferers in den eigenen Unternehmensverbund. Diese seien hier nochmals kurz zusammengefasst:

Neben der Erweiterung des Markenportfolios und neuer geographischer Märkte erlangen die OEMs auch Zugriff auf neue Technologien. Es ergeben sich Skaleneffekte, die in markenübergreifende Kostensenkungen münden und die Portfolio-Attraktivität weiter steigen lassen. Auch die zusätzliche Auslastung von Produktionsstätten kann ebenso hinzugezählt werden wie die Herausforderung einer nachhaltigen Finanzierungsstrategie.

4.) Finanzierungsstrategie

Auch aus finanzieller Sicht müssen sich die OEMs zukunftssicher organisieren. Nicht zuletzt durch die jüngste Wirtschafts- und Finanzkrise, verbunden mit dem globalen

---

[70] Vgl. Werner / Fischer: Volkswagen kauft sich beim BMW-Partner SGL Carbon ein
[71] Vgl. Proff / Proff 2008: 77
[72] Vgl. Hüttenrauch / Baum 2008: 80

Absatzeinbruch, sind knappe liquide Mittel und strukturelle Ungleichgewichte als Herausforderungen in den Fokus der Betrachtungen gerückt.[73]

Der Absatzeinbruch, verbunden mit entsprechendem Gewinneinbruch, hat eine langfristig angelegte strategische Neuausrichtung nicht gerade gefördert. Kostenintensive Innovationen - gerade im Bereich des sog. „Premiumsegmentes" um Audi A8, Mercedes S-Klasse, VW Phaeton und BMW 7er – sind nicht mehr ohne Weiteres möglich. Allerdings sind diese durch den Innovations- und Technologiedruck des Marktes unumgänglich. Zu erwartende Trends in der Zulieferindustrie, neue Technologien, strukturelle Probleme und ein sich veränderndes Konsumentenverhalten machen die Wahl der richtigen Finanzierungsstrategie essentiell.

Diese Ausführungen zur Finanzierungsstrategie sollten im Rahmen dieser Untersuchung genügen. Die Bedeutung dieses Punktes ist entsprechend dargestellt, allerdings würden weitere Ausführungen einerseits den Umfang dieser Untersuchung deutlich übersteigen, und andererseits zu weit vom eigentlichen Thema fortführen.

Schließlich lässt sich subsumieren, dass vor allem geografische und technologische Aufgaben auf die Fahrzeughersteller warten. Die vorhandenen Optionen sind vielfältig. Es bleibt abzuwarten, welche Hersteller den besten „Mix" finden und die richtigen Entscheidungen für eine erfolgreiche Zukunft treffen. Allerdings bleibt als Anmerkung zu sagen, dass die Zulieferbetriebe eine neue Rolle in der Zusammenarbeit mit den OEMs einnehmen. Diese neue Rolle führt weg von der klassischen Kunden-Lieferanten-Beziehung hin zu einer partnerschaftlichen und kooperativen Arbeitsweise. Die OEMs müssen sich mehr als die Zulieferer in diese neue Rolle hineinfinden. Jedoch wird – gerade im Bereich der alternativen Antriebe – der Weg zu einer qualitativ neuen Zusammenarbeit zwischen Zulieferern und OEMs nicht umkehrbar sein.

## 5.2 Neue Qualität der Zusammenarbeit

Die von OEMs und Zulieferern eingesetzten neuen Geschäftsmodelle basieren auf einem neuen Rollenverständnis beider Seiten. Besonders die Geschäftsstrukturen mit einem hohen Grad an Vernetzung bedürfen eines ganz neuen Bewusstseins des Miteinanders. Dazu sind neue Konzepte (u. a. für die Kommunikation und die Infor-

---

[73] Vgl. Dielmann & Häcker 2010: 86

mation) auszuarbeiten und umzusetzen. Es wird ständig an Optimierungen der Netzwerkstrukturen und –verfahren gearbeitet.

Die Kommunikationsebenen sind nicht mehr nur klassisch zwischen den jeweiligen Entwicklungs- oder Qualitätssicherungsabteilungen sowie z.B. zwischen Einkauf und Vertrieb angesiedelt. Es herrscht Kontakt auf allen Ebenen und zwischen (fast) allen Fachabteilungen (u. a. Finanzbuchhaltung, Logistik etc.). Die Verbesserung von Ergebnissen wird herbei mehr und mehr in die Zusammenarbeit zwischen OEM und Zulieferern bzw. der Zulieferer verschoben anstatt in der Einzelverantwortung der Beteiligten.

Die Hersteller manifestieren ihrerseits diese neue Zusammenarbeit in einer deutlich früheren Einbindung der Zulieferer in den Entwicklungsprozess eines Fahrzeugs. Die spezifische Fachkompetenz der Lieferanten kommt dadurch frühzeitig zum Einsatz. Die OEMs sparen dadurch u. a. Entwicklungszeit ein, was sich nicht nur bei den Entwicklungskosten sondern auch in der sog. „Time-to-market" widerspiegelt (vgl. Abschnitt 4.1 dieser Untersuchung).[74] Weiterhin ist es dem Lieferanten möglich, durch eine Anpassung der Teilekonstruktion an seine Fertigungsbedingungen Kosteneinsparungen zu realisieren. Dabei kann die Einbindung des Lieferanten entweder „sequentiell" oder „parallel" erfolgen. Bei der sequentiellen Einbindung (dem sog. „Schnittstellenmodell") überlässt der OEM ab einem gewissen Punkt dem Lieferanten die Entwicklungsarbeit. Bei der parallelen Einbindung (dem sog. „Teammodell") findet eine intensive Zusammenarbeit beider Parteien während des gesamten Entwicklungsprozesses statt. Die parallele Einbindung wird oftmals auch als „Simultaneous Engineering" bezeichnet und meint die „integrierte und zeitparallele Abwicklung der Produkt- und Prozessgestaltung".[75]

Grundsätzlich wird die neue Qualität der Zusammenarbeit möglich, wenn die Unternehmen die Zusammenarbeit nach dem folgenden Grobschema durchführen und dabei aufkommende Fragen beantworten:

1.) Strategie                       Wie sieht die Zusammenarbeits-Strategie aus?

2.) Struktur und Kompetenz          Wer bringt was ein?

3.) Führung und Steuerung           Wie läuft die Optimierung des Gesamtsystems?

---

[74] Vgl. Wilhelm 2009: 97
[75] Vgl. Eversheim / Bochtler / Laufenberg 1995: 2

4.) Prozesse und Systeme      Wie gestaltet sich die operative Vernetzung?

5.) Rechte und Kapital      Gibt es eine rechtliche / Kapitalverflechtung?[76]

Besonders eng aufeinander abgestimmte Geschäftssysteme müssen ein hohes Maß an Vernetzung aufweisen. Dazu bedarf es neuer Konzepte zur Netzwerkoptimierung. Die Verbesserungspotenziale im Netzwerk liegen in der Zusammenarbeit zwischen den Unternehmen. Das einzelne Unternehmen rückt mehr und mehr in den Hintergrund. Erfolgreiche Beziehungen zwischen zwei oder mehreren OEMs (horizontale Kooperationen) bzw. zwischen OEM und Zulieferer (vertikale Kooperation) sind durch komplementäre, also sich überschneidende bzw. ergänzende Kompetenzen geprägt.[77]

## 5.3 Netzwerk Automobilindustrie

Mittlerweile ist es im Allgemeinen selbstverständlich, in der Automobilindustrie von netzwerkähnlichen Strukturen zu sprechen.[78] Die Situation verändert sich vom Wettbewerb zwischen Unternehmen hin zum Wettbewerb zwischen Wertschöpfungs- und Lieferketten (Supply Chains). Die Zeiten, in denen die Zulieferer als verlängerte Werkbank der Hersteller agierten und sich dabei strikt an Konstruktions- und andere Vorgaben hielten, sind vorbei (vgl. Abschnitt 3 dieser Untersuchung).[79] Unternehmen entwickeln sich weiter und wandeln sich zu Teamplayern. Als integrierter Bestandteil eines Netzwerkes kann dem Kunden mehr angeboten werden als im Alleingang. Durch die Kombination von Kompetenzen wird die Durchsetzungskraft am Markt erhöht. Die Unternehmen machen sich für die Integration in Wertschöpfungs- und Lieferketten attraktiv, indem sie nicht nur künftige, sondern auch in zunehmendem Maße heutige Erfolgspotentiale nutzen. Allerdings hat diese kooperative Zusammenarbeit besonders für die Zulieferer einen kleinen Haken: sie müssen sich in der Nähe des Produktionsortest ansiedeln, den der OEM für sein Fahrzeug ausgewählt hat.[80] Als bewährtes Modell gilt dabei der Lieferantenpark. die Zulieferer siedeln ihre eigene Fertigung in der Nähe oder teilweise sogar in der Produktionsstätte des Herstel-

---

[76] Vgl. Wilhelm 2009: 108
[77] Vgl. Dielmann & Häcker 2010: 65
[78] Vgl. Bartelt 2002: 57
[79] Vgl. Sydow/Wilhelm: 2
[80] Vgl. Wilhelm 2009: 105

lers an und lehnen eigene Produktions- und Logistikprozesse eng an die des OEMs an.[81] Bis 2005 entstanden bereits 23 dieser Parks.[82]

## 6 Einführungen in das Thema F&E-Kooperation

Grundsätzlich existieren zum Begriff F&E-Kooperation bzw. zur Kooperation selbst eine Vielzahl von Definitionen und uneinheitlichen Meinungen. Daher an dieser Stelle nochmals die Feststellung, dass diese Untersuchung sich ausschließlich mit Unternehmenskooperationen beschäftigt; Kooperationen zwischen Unternehmen und anderen Organisationen und Institutionen (z. B. Universitäten) werden nicht betrachtet (vgl. Abschnitt 2 dieser Untersuchung).

### 6.1 Unternehmenskooperationen

Der Begriff der Kooperation kommt ursprünglich aus der lateinischen Sprache und bedeutet so viel wie „Zusammenarbeit" oder „Zusammenwirken".[83] Grundsätzlich beinhaltet die die Kooperation jede Form der zielorientierten Zusammenarbeit zwischen zwei oder mehr Unternehmen. Allerdings ist aus betriebswirtschaftlichen Gesichtspunkten eine engere Begriffsauffassung zu wählen. So steht hier die Kooperation als Sammelbegriff für eine große Anzahl von Formen der vertraglich fest vereinbarten und über eine einmalige Transaktion hinausgehenden Zusammenarbeiten zwischen Unternehmen mit der Absicht, gemeinsam Aufgaben durchzuführen und bestimmte Ziele zu erreichen.[84] Diese Zusammenarbeit wird von den Unternehmen freiwillig eingegangen und muss in Einklang mit den geltenden Wettbewerbs- und Kartellrichtlinien stehen. Eine Kooperation kann sich dabei auf den Zweck beschränken, gemeinsam einzelne Funktionen (z. B. Einkauf, Vertrieb oder F&E) im Wertschöpfungsprozess durchzuführen. Sie kann sich aber auch auf den gesamten Produktionsprozess erstrecken.[85]

Eine zwischen zwei oder mehreren Unternehmen geschlossene Kooperation basiert auf Vertrauen und kann auf Basis von mittel- bzw. langfristigen Verträgen eingegan-

---

[81] Vgl. Volpato 2004: The OEM-FTS relationship in automotive industry
[82] Vgl. Kinkel/Zanker 2007: 54
[83] Vgl. Elsner 1996: 56
[84] Vgl. Fiedler 2007: 7
[85] Vgl. Sell 2002: 3

gen werden.[86] Die Beteiligten behalten dabei jedoch auch nach Inkrafttreten der Vereinbarung prinzipiell ihre rechtliche und wirtschaftliche Unabhängigkeit. Gleichzeitig werden aber bestimmte betriebliche Aufgaben kollektiv vorgenommen und dadurch die wirtschaftliche Selbständigkeit in der von der Kooperation betroffenen Bereichen aufgegeben. Hierdurch werden Entscheidungsfunktionen aus dem Betrieb herausgenommen und neue Entscheidungsspielräume festgelegt.[87]

Unternehmenskooperationen sind weit verbreitet. In fast allen Branchen und Unternehmensbereichen wird mittlerweile kooperiert. Dies bedeutet, dass gerade auch die Unternehmen in der Automobilindustrie die Zeichen der Zeit erkannt haben und nach dem Motto verfahren „cooperate to compete", also zu kooperieren, um im Wettbewerb bestehen zu können. Die beteiligten Unternehmen haben allerdings das Recht, die vertragliche Vereinbarung einseitig zu beenden bzw. zu kündigen.[88] Dabei ist es unerheblich, welche Form bzw. Art der Unternehmenskooperation vereinbart wurde.


**6.2 Kooperationsarten und –formen**

Die Ausführungen zu Kooperationsarten und –formen konzentrieren sich auf einige wenige Ausarbeitungen, von denen die Wichtigsten nun kurz vorgestellt werden sollen. Dies resultiert aus der Vielzahl der unterschiedlichen Kooperationsarten sowie der häufigen und uneinheitlichen Verwendung des Begriffs. Auf eine detaillierte Beschreibung der darüber hinausgehenden Arten wird hier verzichtet. Von größerer Bedeutung ist, auf die in der Praxis häufig vorkommenden Arten einzugehen und diese kurz zu erläutern.

Die wichtigsten unternehmerischen Kooperationsformen sind:

- Kartell
- Strategische Allianz
- Joint Venture
- Konsortium
- Outsourcing
- Lizenzkooperation
- Franchising

---

[86] Vgl. Richter 2004: 38
[87] Vgl. Fiedler 2007: 12
[88] Vgl. Fiedler 2007: 82

Bei einem Kartell handelt es sich um einen Sammelbegriff. Hierunter versteht man Vereinbarungen von Unternehmen oder Unternehmensvereinigungen und aufeinander abgestimmte Verhaltensweisen am Markt (z. B. Aufteilung von Vertriebsgebieten, Preisabsprachen). Durch Kartelle wird der freie Wettbewerb behindert bzw. eingeschränkt. Daher sind sie per Gesetz verboten, es bestehen allerdings Ausnahmen.[89]

In einer strategischen Allianz schließen sich mehrere rechtlich selbständige Unternehmen zusammen, um ein strategisches Ziel zu erreichen. Der Grad der Zusammenarbeit kann dabei sehr unterschiedlich sein. Besonders in der Luftfahrtindustrie wird diese Kooperationsform häufig angewandt.[90]

Das Joint Venture wird in Abschnitt 6.3 näher erläutert.

Ein Konsortium ist ein Zusammenschluss mehrerer Unternehmen zu einer Gesellschaft bürgerlichen Rechts. Besonders in der Finanzbranche wird diese Form benutzt, wenn sich z. B. zwei oder mehrere Banken für einen großen Börsengang zusammenschließen. Auch zur Minimierung von Kreditrisiken wird diese Kooperationsform gern genutzt.[91]

Eine nähere Erklärung des Outsourcings findet sich in Abschnitt 4.3.1 dieser Untersuchung.

Eine Lizenzkooperation wird i. d. R. zwischen zwei rechtlich unabhängigen Unternehmen geschlossen. Ein Unternehmen ist dabei Inhaber eines Schutzrechtes und tritt als Lizenzgeber auf, das andere Unternehmen als Lizenznehmer.[92] Die Vereinbarung beinhaltet das Nutzungsrecht des Lizenznehmers für das Schutzrecht des Lizenzgebers gegen eine Lizenzgebühr.[93] Diese Vereinbarung kann mengenmäßig, zeitlich und räumlich beschränkt werden.

Bei der Kooperationsform des Franchisings handelt es sich um ein Vertriebssystem, in welchem rechtlich selbständige Unternehmen zusammenarbeiten. Grundlage ist dabei ein Franchisevertrag, in dem Rechte und Pflichten der Partner verankert sind.[94] Hierbei stellt der Franchisegeber dem Franchisenehmer fachkundige Unterstützung und Entlastung bei der Sortiments-, Preis- und Kommunikationspolitik zur Verfügung.

---

[89] Vgl. Gabler 2006: 193
[90] Vgl. Bühner 2001: 726
[91] Vgl. Gabler 2006: 34
[92] Vgl. Bühner 2001: 454
[93] Vgl. Gabler 2006: 224
[94] Vgl. Gabler 2006: 129

Darüber hinaus kommt das Beschaffungs-, Absatz-,- Marketing- und Organisations-konzept sowie die Nutzung von Schutzrechten, Ausbildung der Franchisenehmer und laufende Unterstützung durch sein Know-how vom Franchisegeber. Der Franchise-nehmer ist verpflichtet, die Leistungen des Franchisegebers in Anspruch zu neh-men.[95] Diese Form der Kooperation ist gerade im Dienstleistungsbereich eine der am stärksten wachsenden Art der Zusammenarbeit. Als Beispiele können hier die Unter-nehmen McDonalds und Subway (Fast Food) sowie OBI (Baumärkte) genannt wer-den.[96]

Kooperationen lassen sich nach den beteiligten Wertschöpfungsstufen unterschei-den. Danach existieren die 3 Kooperationsformen der vertikalen, diagonalen und ho-rizontalen Kooperation. Hinsichtlich der F&E-Kooperationen lässt sich feststellen, dass in der Praxis die diagonalen Kooperationen nur eine untergeordnete Rolle spie-len.[97] In den nachfolgenden Kapiteln wird daher nur auf die horizontalen und verti-kalen Formen detailliert eingegangen.

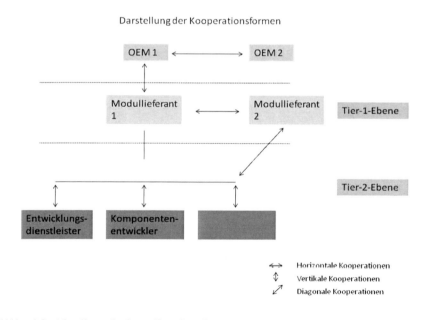

Abbildung 6: Darstellung Kooperationsformen. Eigene Darstellung

---

[95] Vgl. Gabler 2006: 129
[96] Vgl. Bühner 2001: 280
[97] Vgl. Elsner 1996: 62

In Abbildung 6 sind die möglichen Kooperationsformen dargestellt. Die Übersicht ist aus dem Blickwinkel der Lieferebenen in der Automobilindustrie gerichtet.

## 6.3 Horizontale Kooperation

Verbindungen auf horizontaler Ebene sind die am weitesten verbreitete Form der Kooperation. Diese sind dadurch gekennzeichnet, dass sich zwei oder mehrere Unternehmen der gleichen Lieferebene zusammenschließen. Dadurch werden Konkurrenten – zumindest in einem zeitlich befristeten Rahmen – zu Partnern.

Grundsätzlich sind rund 75 % aller Kooperationen in der Automobilindustrie horizontaler Natur.[98] In den vergangenen Jahren wurden nicht nur mehr und mehr Kooperationen zwischen einzelnen Zulieferbetrieben geschlossen. Auch die Fahrzeughersteller selbst haben untereinander verstärkt Kooperationsvereinbarungen geschlossen. So kooperieren beispielsweise Toyota und PSA (mit den Marken Peugeot und Citroen) im tschechischen Kolin bei der Produktion der Kleinwagen Toyota Aygo, Peugeot 107 und Citroen C1.[99]

Eine besondere Bedeutung erlangt die horizontale Kooperation bei der Erschließung der Märkte in den sog. Schwellenländern, speziell Indien und China. In diesen Ländern war es ausländischen Fahrzeugherstellern und anderen Investoren bis ins Jahr 2000 (Indien) bzw. 2001 (China) nicht erlaubt, direkt im Land zu investieren.[100] Sie waren gezwungen, sich einen lokalen Partner zu suchen und ein Gemeinschaftsunternehmen zu gründen, in der Regel ein Joint Venture.

Das Joint Venture ist eine der gängigsten Arten der horizontalen Kooperation und kommt besonders bei Bestrebungen auf ausländische Märkte zum Tragen.[101] Bei dieser Form wird von mindestens zwei Partnern ein rechtlich selbständiges Gemeinschaftsunternehmen gegründet, welches auf einer konkreten vertraglichen Grundlage beruht. Die am neuen Unternehmen beteiligten Partner sind voneinander wirtschaftlich und rechtlich unabhängig, und auch das neu gegründete Unternehmen ist vollkommen selbstständig. Die Partner sind in unterschiedlicher Höhe am Grundka-

---

[98] Vgl. Miebach Consulting: Branchenstudie: Kooperationen in der Automobilindustrie
[99] Vgl. Dielmann & Häcker 2010: 38
[100] Vgl. Dielmann & Häcker 2010: 59
[101] Vgl. Bühner 2001: 400

pital des Joint Venture beteiligt (Mehrheits-, Minderheits- oder Paritätsbeteiligung).[102] Sie tragen gemeinsam das Investitionsrisiko und nehmen Führungsfunktionen gemeinsam wahr.[103] Die unternehmerischen Befugnisse richten sich hier i. d. R. nach der Höhe der Kapitalbeteiligung. Durch diese Form sollen einerseits die Risiken für die beteiligten Unternehmen verringert und andererseits die Stärken der Partner (z. B. Marktkenntnisse) genutzt werden.[104]

Durch eine horizontale Kooperation soll eine Reihe von Vorteilen ausgenutzt werden. Neben der Erschließung geografisch neuer Märkte sowie neuer Marktsegmente – z. B. neue Fahrzeugklassen - erhalten die Partner auch Zugriff auf neue Technologien und können im Allgemeinen die Kosten im F&E-Bereich deutlich senken.[105] Wenn man zu Bedenken gibt, dass die serienreife Entwicklung eines Volumenfahrzeuges (z. B. VW Golf) bis zu 800 Mio. € an Aufwendungen nach sich zieht, wird deutlich, dass diese hohen Kosten für manchen OEM allein schlichtweg nicht (mehr) finanzierbar sind.[106] Aus diesem Grund ist die horizontale Kooperation ein willkommenes Mittel zur Realisierung von Synergieeffekten unter den Kooperationspartnern.

Da aktuell rund 75 % der existierenden Kooperationen horizontal gestaltet sind, lässt sich subsumieren, dass rund 25 % vertikale Kooperationen darstellen. Allerdings wird sich aufgrund der strukturellen Veränderungen in der Automobilbranche dieses Verhältnis zukünftig verschieben. Durch die Verschiebungen der Wertschöpfung (vgl. Abschnitt 4.1 dieser Untersuchung) wird die Zahl der vertikal ausgestalteten Kooperationen ansteigen.

## 6.4 Vertikale Kooperation

Wie unter Punkt 6.3 angegeben, sind rund 25 % der Kooperationen in der Automobilindustrie vertikal angelegt. Die Tendenz ist steigend – bedingt durch die Veränderungen in der Branche.

Vertikale Kooperationen finden i. d. R. innerhalb einer Wertschöpfungskette statt.[107] In der Automobilindustrie wirken daher auch die engen Verbindungen zwischen OEM

---

[102] Vgl. Fiedler 2007: 19
[103] Vgl. Gabler 2006: 184
[104] Vgl. Bühner 2001: 400
[105] Vgl. Dielmann & Häcker 2010: 63
[106] Vgl. Dielmann & Häcker 2010: 39
[107] Vgl. Fiedler 2007: 10

und Zulieferer innerhalb einer Lieferkette („Supply Chain") wie eine vertikale Integration. Die Entwicklung hin zu einer Strukturierung der Automobilzulieferer in festgelegte Lieferketten (OEM <> Tier-1-Lieferant <> Tier-2-Lieferant <> Tier-3-Lieferant; vgl. Abschnitt 4.2 dieser Untersuchung) ist in jüngerer Vergangenheit immer häufiger zu beobachten.[108] Der Tier-1-Lieferant übernimmt dabei die Verantwortung für die Einhaltung von Kosten-, Qualitäts- und Terminzielen und tritt gegenüber dem OEM als Auftragsnehmer auf. Die Steuerung von Koordination, Steuerung und Überwachung aller Aktivitäten ist damit vom OEM in Richtung seines Tier-1-Lieferanten verlagert.[109]

Eine Kooperation in vertikaler Richtung ist damit gar nicht so einfach zu unterscheiden von den existierenden Modellen der Zusammenarbeit in der Automobilindustrie. Allerdings werden die vorhandenen Kooperationsformen im Hinblick auf die sich vollziehenden Veränderungen weiterentwickelt und entsprechend angepasst.

## 7 Die Entstehung von F&E-Kooperationen

Für das Zustandekommen von F&E-Kooperationen gibt es eine Vielzahl von Gründen. Einige wichtige Aspekte lassen sich aus den veränderten Rahmenbedingungen aus den Märkten ableiten. Hier sind die geografische Entwicklung neuer Absatzmärkte sowie der technologische Wandel hinsichtlich neuer „grüner" Technologien vordergründig zu nennen (vgl. Abschnitt 4 dieser Untersuchung).

### 7.1    Kooperationsmotive

Wirtschaftliche und strategische Kooperationen werden i. d. R. deshalb eingegangen, weil der Nutzen durch die Kooperation größer ist als bei einer Nichtkooperation. Das vorrangige Ziel hierbei ist es, die Stellung an den Weltmärkten so zu verbessern, wie es ohne eine Kooperation nicht oder nur mit unverhältnismäßig großem Aufwand möglich wäre.[110] Auslöser sind rein unternehmensbezogene Erwägungen, wobei die Details von Branche zu Branche unterschiedlich sind. Jedoch kommt es vor, dass u.

---

[108] Vgl. Dielmann & Häcker 2010: 39
[109] Vgl. Elsner 1996: 67
[110] Vgl. Fiedler 2007: 8

U. durch den Einsatz staatlicher Anreizsysteme Einfluss auf die Bildung von Kooperationen genommen werden soll.[111]


In einzelwirtschaftlichen Aussagen finden sich sehr häufig nur die betriebswirtschaftlichen Motive für F&E-Kooperationen. Hier greifen die folgenden Motivationen:[112]

- Stärkung der Kooperationspartner gegenüber Dritten
- Wechselseitiges Lernen über Funktionen von Kulturen und Märkten
- Akquisition von Ressourcen, Technologien und Know-how


Über die betriebswirtschaftlichen Motive hinaus lassen sich noch die industrieökono-
mischen Aspekte (u. a. Risikostreuung zwischen den Kooperationspartnern, Reduzierung von Doppelausgaben, fehlende Marketing-Erfahrung kleinerer Unternehmen,
Komplexität, Kosten und Unsicherheit heutiger F&E-Projekte) sowie die transakti-
onstheoretischen Motive (u. a. institutionelle Antwort auf Marktversagen) nennen.[113]
Diese werden hier aber nicht weiter verfolgt, sondern dienen nur der Vollständigkeit.


Die Bedeutung und Wichtigkeit der einzelnen Motive variiert sowohl mit der Unter-
nehmensgröße als auch mit der Branche.

In der Automobilindustrie sind hauptsächlich nachstehende Hauptgründe  für die
Gründung einer F&E-Kooperation zu nennen:

- Zugang zu neuen Märkten und Technologien
- Verstärkte Internationalisierung
- Verbesserung der derzeitigen Marktposition bzw. Erhöhung der Marktmacht
- Bessere Entsprechung der Markt- und Kundenanforderungen
- Streuung der strategischen und operativen Risiken zwischen den Kooperati-
  onspartnern
- Reduzierung bzw. Vermeidung von F&E-Kosten
- Bessere Verteilung von Fixkosten und Ressourcen
- Bildung von effizienten Entwicklungsteams

---

[111] Vgl. Sell 2002: 23
[112] Vgl. Franz 1995: 80
[113] Vgl. Franz 1995: 30

Durch die verstärkte Internationalisierung entsteht gerade für kleine und mittlere Unternehmen mehr und mehr das Problem der Präsenz auf den Märkten (vgl. Abschnitt 5.3 dieser Untersuchung). Durch die Entstehung von Produktionsstandorten der OEMs rund um den Globus sind die Zulieferer gezwungen, sich ebenfalls global aufzustellen.[114] Dies ist für viele dieser Unternehmen finanziell und organisatorisch nicht umzusetzen. Daher setzen viele dieser Betriebe auf Kooperationen, um den Anforderungen der Fahrzeughersteller gerecht zu werden. Doch eine Kooperation ist nicht ohne Risiken.

## 7.2 Kooperationshemmnisse und Risiken

Es ist nicht ausreichend, dass Vorteile bei einer Kooperation bestehen. Sie müssen gegenüber den Kooperationsrisiken und –hemmnissen überwiegen. Als zentrales Kriterium gilt dabei die Wahrung der Unabhängigkeit des eigenen Unternehmens.[115] Die eigene Marktposition soll durch eine Kooperation und den damit verbundenen Verhaltens- und Tätigkeitsweisen nicht gefährdet sein dürfen. Ein großes Bedenken bei einer F&E-Kooperation ist die Offenlegung der bisher eingesetzten eigenen Verfahren und Strategien hinsichtlich Innovationen, Forschung und Entwicklung sowie der bisherigen F&E-Ergebnisse.[116]

Unter diesen Punkt fällt auch der Bereich Rechte und Patente. Eine wesentliche Befürchtung der zu einer F&E-Kooperation bereiten Unternehmen ist die Befürchtung, bei der – möglicherweise gemeinsamen – Nutzung der F&E-Ergebnisse schlechter abzuschneiden als der Kooperationspartner. Gerade bei internationalen Kooperationen kursiert die Angst, der Kooperationspartner bemächtige sich – eventuell widerrechtlich - der erarbeiteten F&E-Ergebnisse. Ist dies der Fall, wird es schwierig, den Partner dazu zu bewegen, sich an die Vereinbarung zu halten. Prozesse – so sie denn notwendig werden – sind besonders bei internationalen Partnern mit unterschiedlichen Gerichtsbarkeiten schwierig, langwierig und teuer.

Auch der Wunsch nach Bewahrung der technologischen Unabhängigkeit sowie fehlendes Kooperationsbewusstsein bei den Mitarbeitern ist oftmals ein Hemmnis.[117]

---

[114] Vgl. Dielmann & Häcker 2010: 65
[115] Vgl. Franz 1995: 104
[116] Vgl. Sell 2002: 20
[117] Vgl. Dielmann & Häcker 2010: 67

Auch Unsicherheiten und Unwissenheit bei rechtlichen Belangen wirken Kooperationshemmend.[118]

Vor dem Start der F&E-Kooperation müssen u. a. folgende Eckpunkte beachtet werden, die jedoch Bestandteile des Kooperationsvertrages sein sollten:

- Regelung möglicher Vermarktungs- und Vertriebsstrategien
- Festlegung der strategischen bzw. projektbezogenen Ziele
- Wege zur Beendigung bzw. Auflösung der Kooperation

Dies soll dazu dienen, späteren Missverständnissen und Unklarheiten vorzubeugen. Sollte dies nicht passieren, können die o. g. Punkte in Verbindung mit weiteren Aspekten zu einem Kooperationsrisiko führen:

- Führungsschwierigkeiten
- Know-how Abfluss
- Kapitalbedarf / Finanzierungsstrategie
- Fehlende gemeinsame Strategie[119]

## 7.3 Erfolgsfaktoren

Um die im vorherigen Kapiteln genannten Erfolgsrisiken bzw. Erfolgshemmnissen minimieren zu können, wurden drei wesentliche Faktoren identifiziert, denen Rechnung getragen werden muss. Diese sind besonders bei F&E-Kooperationen zu beachten:[120]

- Entwicklung und Aufbau eines vertrauensfördernden und vertrauenswürdigen Kooperationsverhaltens
- Kooperationsfördernde Strukturen
- Ein der Kooperation entsprechendes geeignetes Managementsystem

---

[118] Vgl. Wilhelm 2009: 99
[119] Vgl. Franz 1995: 102
[120] Vgl. Franz 1995: 96

Als Erläuterungen lässt sich für diese Punkte Folgendes nennen:

Das Verhalten der Kooperationspartner ist eines der entscheidenden Kriterien und bestimmt über Erfolg oder Misserfolg einer Kooperation. Daher sollten die Partner von Anfang an gemeinsam am offenen und kooperationsfördernden Umgang mitei-nander arbeiten. Die hier investierte Zeit zahlt sich später durch einen reibungslosen und partnerschaftlichen Ablauf der Kooperation aus. Als „Unter"-Faktoren für ein ver-trauensförderndes Kooperationsverhalten lassen sich u. a. nennen:

- Kenntnis über eigene Stärken
- Offenheit gegenüber den Neuheiten, z. B. „offene" Unternehmensgrenzen durch die Kooperation
- Lernen, für die Kooperation und nicht nur für das eigene Unternehmen zu Denken
- Einbeziehung des Kooperationspartners
- Intensive Kommunikation zwischen den Partnern


Der Faktor „kooperationsfördernde Strukturen" sagt eigentlich schon alles aus. Die Organisation ist so auszurichten, dass Probleme und Konflikte nur im Konsens mit dem Partner gelöst werden.[121]


Ein geeignetes Managementsystem für die Kooperation zu finden ist nicht immer ein-fach. Als Empfehlung kann nur genannt werden, dem Grundsatz der Einfachheit zu folgen und nicht die Strukturen und Mechanismen der „Muttergesellschaften" 1:1 auf die Kooperation zu übertragen. Es müssen Hierarchien geschaffen werden, die der neuen Kooperation entsprechen und mit denen sich die Kooperationspartner ein-verstanden erklären. Als Unterpunkte treten daher noch auf:

- Aufbau eines kooperationsspezifischen Controllingsystems
- Evtl. Schaffung monetärer Anreizsysteme[122]


Bei aller Berücksichtigung der notwendigen Faktoren sollte jedoch ein elementares Kriterium über allen Anderen stehen: die Mitarbeiter, die in der neuen Kooperation

---

[121] Vgl. Franz 1995: 48
[122] Vgl. Franz 1995: 87

arbeiten. Hier muss man besondere Rücksicht an den Tag legen, wenn die Mitarbeiter z. B. aus unterschiedlichen Kulturkreisen kommen. Grundsätzlich ist es jedoch notwendig, motivierte und leistungswillige Mitarbeiter zu haben, die den Gedanken der Kooperation verinnerlichen und das einzelunternehmerische Denken überwinden. Denn nur wenn die genannten Faktoren auch auf Arbeitsebene umgesetzt und gelebt werden, kann die Kooperation zum Erfolg geführt werden.

## 8    Wettbewerbspolitische Beurteilung der Kooperationen bei F&E

In der Praxis ist die wettbewerbspolitische Einordnung der F&E-Arbeit nicht ganz einfach. So gilt vielfach die Ansicht, dass F&E-Tätigkeiten als dem Wettbewerb vorgelagert gelten. Erst wenn die beteiligten Unternehmen die Ergebnisse der F&E als Innovationen auf den Markt bringen, beginnt demnach der Wettbewerb.[123] Forschung und Entwicklung sind quasi innerbetriebliche Vorgänge, die lediglich der Vorbereitung zukünftiger Wettbewerbshandlungen dienen. Daher ist die F&E-Tätigkeit kein relevanter Wettbewerbsparameter, so dass im Rahmen einer F&E-Kooperation solange keine Wettbewerbsbeschränkung vorliegt, wie keine direkte Wirkung der beteiligten Unternehmen auf den Produktmarkt ausgeübt wird (z. B. über Absprachen über Preise).[124]

Allerdings ist diese Position sehr umstritten und hat umfangreiche Kritik ausgelöst. So hat Klaue (1991) der Wettbewerbspolitik zum Vorwurf gemacht, den Wettbewerb nur nach sichtbaren Ergebnissen zu beurteilen. Allerdings werde dabei vernachlässigt, dass der Wettbewerb nicht erst mit dem Markteintritt beginne, sondern mit der zeitlich deutlich früher getroffenen strategischen Entscheidung zum Marktzutritt. Somit umfassen die wettbewerbsrelevanten Tätigkeiten alle Handlungen, die auf diese Entscheidung folgen und der Verbesserung der Wettbewerbsposition des Unternehmens dienen, eben auch einschließlich der F&E-Tätigkeit.[125]

Die Unternehmen suchen in der F&E nach neuen Ideen und Innovationen, die dann auf den Markt gebracht werden. Somit ist die F&E nicht vom Wettbewerb abgekoppelt, sondern ein voller Bestandteil der wettbewerblichen Handlungen der Unternehmen. Damit ist der vorherrschenden Meinung zuzustimmen, die F&E stelle einen Teil

---

[123] Vgl. Hansen 1999: 65
[124] Vgl. Hansen 1999: 65
[125] Vgl. Klaue 1991: 23

der Wettbewerbsparameter dar.[126] Dies beinhaltet auch, dass F&E-Kooperationen als Mittel zur Beschränkung des Wettbewerbs eingesetzt werden können.

Dies bedeutet letztendlich, dass die Wettbewerbspolitik einen durchaus wichtigen Faktor im Rahmen von F&E-Kooperationen einnimmt. Nicht nur, das kartell- und wettbewerbsrechtliche Gesetze in Einklang mit der (geplanten) Kooperation gebracht werden müssen. Auch die spezifischen Effekte horizontaler und vertikaler Kooperationen sowie deren einzel- und gesamtwirtschaftlichen Auswirkungen sind nicht außer Acht zu lassen.

## 8.1 Wettbewerbspolitische Betrachtung vertikaler F&E-Kooperationen

Eine F&E-Kooperation zwischen einem OEM und einem Zulieferer wirkt wie eine vertikale Integration. Werden diese gemeinschaftlichen Ergebnisse z. B. im Rahmen einer bedeutenden Produktinnovation auf den Markt gebracht und gleichzeitig nicht an Dritte vermarktet, könnte eine Monopolstellung entstehen. Aus wettbewerblicher Sicht wäre dies problematisch.[127] Dieses könnte durch eine Lizensierung an Dritte umgangen werden. Zwar wäre hier aufgrund einer zeitlich begrenzten Monopolstellung eine Lizenzgebühr seitens des Dritten fällig, auf den nachgelagerten Märkten würde aber Wettbewerb herrschen.[128] Nicht bedeutende Innovationen bzw. Produktverbesserungen sind für eine Monopolbildung nicht geeignet, da die Preissetzungsspielräume der Anbieter begrenzt sind.

Neben diesen genannten Punkten werden auch die Markteintrittsbarrieren potentieller Konkurrenten erhöht, da dieser auf beiden Stufen der vertikalen Integration in den Markt eintreten müsste.

Ein wenig anders sieht es dagegen bei den horizontalen Kooperationen aus.

## 8.2 Wettbewerbspolitische Betrachtung horizontaler F&E-Kooperationen

Die wettbewerbspolitische Einstufung und Betrachtung horizontaler F&E-Kooperationen ist deutlich schwieriger und komplexer als bei den vertikalen Kooperationen. Die

---

[126] Vgl. Klaue 1991: 25
[127] Vgl. Franz 1995: 121
[128] Vgl. Franz 1995: 122

forschenden Unternehmen befinden sich in einem Innovations- und Preiswettbewerb.[129] Allerdings soll sich die folgende Betrachtung auf den Innovationsprozess beschränken, um den Rahmen dieser Untersuchung einzuhalten.

Wenn Unternehmen auf der gleichen Hierarchiestufe miteinander Forschung und Entwicklung betreiben – wie es im Rahmen horizontaler F&E-Kooperationen der Fall ist – werden schnell Bedenken hinsichtlich der wettbewerbspolitischen Probleme laut.

Wenn alle Unternehmen, die an einem gemeinsamen Forschungsobjekt arbeiten, miteinander kooperieren, wird der Innovationswettbewerb vollständig ausgeschaltet. In der Praxis ist dies nur in oligopolistisch geprägten Marktstrukturen zu finden.[130]

In der Marktform des Oligopols sind wenige Anbieter in einer Branche tätig. Wenn diese wenigen Anbieter auf viele Nachfrager treffen, spricht man von einem Angebotsoligopol, bei wenigen Nachfragern von einem zweiseitigen Oligopol und bei einem Nachfrager von einem beschränkten Nachfrageoligopol.[131]

Bei einer Ausschaltung des Forschungswettbewerbs durch eine F&E-Kooperation deutet auch vieles auf eine Monopolisierung des Innovationsmarktes hin. Dies trifft im Besonderen zu, wenn es sich um eine „echte" Produktinnovation – und nicht „nur" um eine Produktverbesserung - handelt, die nicht kurzfristig durch Konkurrenzprodukte substituiert werden kann. Unter diesen Bedingungen würde es einzelwirtschaftlich Sinn machen, eine Aufteilung der Produktmärkte – sachlich oder räumlich – durchzuführen und dadurch Monopolgewinne zu generieren.[132]

Verhält sich die Kooperation wie ein Monopolist, zieht dies keine höheren Preise nach sich. Nur die wettbewerbstechnische Funktion „Durchsetzung von Innovationen" wird beeinflusst.[133] Für diesen Fall können die wettbewerbspolitischen Auswirkungen wie folgt zusammengefasst werden:

- Wegfall des Wettbewerbsdrucks, Innovationen auf den Markt zu bringen
- Beeinflussung des Tempos bei technischem Fortschritt
- Realisierung von Monopolgewinnen

---

[129] Vgl. Franz 1995: 122
[130] Vgl. Franz 1995: 123
[131] Vgl. Günter 2004: 220
[132] Vgl. Franz 1995: 123
[133] Vgl. Franz 1995:124

Wenn im Rahmen der F&E-Kooperation nur ein Teil der Unternehmen an einem bestimmten Forschungsobjekt arbeiten, steht die Kooperation im Forschungswettbewerb. Hier bleibt abzuwarten, wie die Unternehmen außerhalb der Kooperation auf eben diese Kooperation reagieren.[134]

Die Beantwortung dieser Frage hängt von der Marktstärke sowohl der Kooperationsmitglieder als auch der „Kooperationsoutsider" ab. Sind Alle den marktstarken Unternehmen zuzuordnen, so ist mit einer Intensivierung des Forschungswettbewerbs zu rechnen, da alle Beteiligten potent genug sind, um ein aggressives Vorgehen gegen den Wettbewerbsvorstoß zu finanzieren.[135]

Sind die Unternehmen außerhalb der Kooperation als marktschwach einzustufen, hängt deren Reaktion vom eigenen Ressourcenpotential und von der Höhe des Wettbewerbsvorteils der Kooperationsmitglieder ab. Als Handlungsalternativen bleiben den Outsidern nur, selber zu kooperieren oder eine Marktnische zu finden. Es ist sehr wahrscheinlich, dass durch die Kooperation die Intensität des Innovationswettbewerbs reduziert wird.[136]

Wenn die Kooperationsteilnehmer als marktschwach einzuordnen sind und mit marktstarken Unternehmen konkurrieren, kann u. U. durch die F&E-Kooperation der Wettbewerbsnachteil ausgeglichen werden. Hierdurch könnte den Kooperationsinsidern ermöglicht werden, Marktbarrieren zu überwinden, die allein nicht zu bewältigen wären. In diesem Fall würde der Forschungswettbewerb zunehmen.[137]

Wird nun die Ebene der unterschiedlichen Kooperationsausrichtungen verlassen, werden schnell wettbewerbspolitischen Betrachtungen auf gesamt- und einzelwirtschaftlicher Ebene sichtbar.

## 8.3 Gesamtwirtschaftliche Betrachtung

Grundsätzlich stellt eine Erhöhung der individuellen Rentabilität durch eine Kooperation einen Innovationsanreiz dar. Daher ist dies gesamtwirtschaftlich grundsätzlich

---

[134] Vgl. Scherer 1992: 89
[135] Vgl. Franz 1995: 124
[136] Vgl. Franz 1995: 123
[137] Vgl. Franz 1995: 124

positiv zu bewerten, wenn infolgedessen gesamtwirtschaftlich vorteilhafte F&E-Projekte durchgeführt werden.[138]

Allerdings hat Abschnitt 8 dieser Untersuchung gezeigt, dass F&E-Kooperationen nicht pauschal als wettbewerbspolitisch unbedenklich eingestuft werden können. Dazu zählt auch die Erkenntnis, dass die F&E-Arbeit nicht dem vor-wettbewerblichen Bereich angehört, sondern ein zentraler Wettbewerbsparameter ist.[139] Die Ergebnisse der F&E-Arbeit resultieren aus dem Treffen einer strategischen Entscheidung des Unternehmens im Vorfeld der eigentlichen Tätigkeit. Somit fällt der F&E eine strategische Bedeutung zu, die das mittel- und langfristige Erfolgspotenzial des Unternehmens maßgeblich beeinflusst.[140]

Zur gesamtwirtschaftlichen Betrachtung von F&E-Kooperationen sind die wohlfahrtsökonomischen Einflüsse von zentraler Bedeutung.[141]

Die wohlfahrtsökonomischen Einflüsse einer F&E-Kooperation beinhalten die gesamtwirtschaftliche Wirkung einer Kooperation. Die Wettbewerbspolitik hat die Aufgabe, dafür zu sorgen, dass F&E-Kooperationen keine negativen Einflüsse auf die Gesamtwirtschaft erzeugen. Ist dies der Fall, kann die Kooperation untersagt werden. Ziel der Wettbewerbspolitik ist es, neben den einzelwirtschaftlichen Vorteilen mindestens eine Niveauhaltung der Gesamtwirtschaft zu erzielen. Besser ist jedoch, dass die gesamtwirtschaftlichen Einflüsse ebenfalls zunehmen.

Einerseits ist eine Wohlfahrtssteigerung durchaus gegeben, da die Unternehmen im Rahmen von F&E-Kooperationen auch Projekte durchführen, die sie u. U. allein nicht umsetzen würden. Auch können in Kooperationen bearbeitete Projekte zeitlich schneller durchgeführt werden als im Alleingang. Dies führt ebenfalls zu einer Wohlfahrtssteigerung.[142] Allerdings kann die Wettbewerbsbeschränkung im Rahmen von F&E-Kooperationen auch zu Wohlfahrtsverlusten führen. Dies kann in zwei Szenarien entstehen: durch Beschränkung des Wettbewerbs zwischen den Kooperationspartnern oder durch die Beschränkung der Handlungsfreiheit konkurrierender Unternehmen.[143]

---

[138] Vgl. Scholl 1998: 18
[139] Vgl. Hansen 1999: 65
[140] Vgl. Scholl 1998: 19
[141] Vgl. Franz 1995: 83
[142] Vgl. Franz 1995: 94
[143] Vgl. Hansen 1999: 67

Wohlfahrtsverluste durch die Beschränkung des Wettbewerbs zwischen den Partner stellen sich ein, wenn

- die Kooperation zu einer Reduzierung der Anzahl der F&E-Projekte führt und / oder
- den Partnern der Anreiz gegeben wird, die Durchführung der F&E-Projekte zeitlich zu verzögern oder dessen Qualität oder Umfang zu reduzieren und
- die aus der Kooperation resultierende wirtschaftliche Macht politisch eingesetzt wird, um weitere Wettbewerbsbeschränkungen zu erwirken. [144]

Sollte die Zahl der durchgeführten F&E-Projekte reduziert werden, so reduzieren sich auch die Zahl der konkurrierenden Innovationen am Markt und damit die Zahl der Auswahlmöglichkeiten der Nachfrager. Der daraus entstehende Verlust lässt sich nicht beziffern. Zu dessen Abschätzung müssten die Ergebnisse der durch die Kooperation unterbliebenen eigenständigen F&E-Projekte bekannt sein.

Die zeitliche Verzögerung eines F&E-Projektes hat zur Folge, dass die Umsetzung der Ergebnisse in ein innovatives Produkt erst zu einem späteren Zeitpunkt erfolgt als wenn das F&E-Projekt eigenständig bearbeitet worden wäre. Hierdurch kann die Innovation auch erst später nachgefragt werden, was zu einem Wohlfahrtsverlust führt. Ob allerdings dieser zeitliche Verlust der späteren Umsetzung durch einen positiven Effekt kompensiert werden kann, bleibt an dieser Stelle offen, da hierzu eine Gesamtbetrachtung der Wohlfahrtseffekte notwendig wäre.

Wohlfahrtsverluste durch die Beschränkung der Handlungsfreiheit konkurrierender Unternehmen treten auf, wenn Erhöhungen von Marktzutrittsbeschränkungen für andere konkurrierende Unternehmen auftreten und diese in der F&E-Arbeit oder der Umsetzung von F&E-Ergebnissen behindert werden.[145] Hierdurch wird die Zahl der F&E-Projekte im Ganzen verringert. Dieser Effekt ist in der Praxis recht häufig zu finden: eine erfolgreiche Innovation zwingt die Wettbewerber zum Nachziehen und stellt damit aus ihrer Sicht einen Nachteil dar. Aus wettbewerbspolitischer Sicht wird dieser Effekt jedoch erst dann problematisch, wenn die Innovation im Rahmen einer Kooperation erarbeitet wurde, deren beteiligte Unternehmen bereits im Vorfeld über

---

[144] Vgl. Hansen 1999: 68
[145] Vgl. Hansen 1999: 71

enorme Marktmacht verfügen. Damit kann die Kooperation dazu dienen, über bestehende bzw. sich ausweitende Marktmacht und durch die Verdrängung von Konkurrenten eine Monopolisierung herbeizuführen.[146]

Sollte die aus einer Kooperation heraus entstehende wirtschaftliche Macht dazu genutzt werden, in der Politik Einfluss zu nehmen, so kann ebenfalls ein Wohlfahrtsverlust entstehen. Haben Unternehmen eine entsprechende Größe erreicht, ist es denkbar, dass die politischen Instanzen beeinflusst werden, um z. B. Wettbewerbsverzerrungen zu ihren Gunsten zu erwirken. Als Beispiele können hier genannt werden die bevorzugte Behandlung bei der wettbewerbspolitischen Prüfung von Fusions- und Kooperationsvorhaben, die Erwirkung protektionistischer Maßnahmen und die Einflussnahme auf die Gesetzgebung. Zwar sind dies keine spezifischen F&E-Kriterien, aber sie können auch daraus entstehen.

Soll die Wirkung von F&E-Kooperationen auf den politischen Bereich untersucht werden, muss hier die Analyse auf die Forschungs- und Technologiepolitik ausgeweitet werden. Hierbei müssen dann auch Subventionen für den F&E-Bereich sowie deren wettbewerbsverzerrende Wirkung mit betrachtet werden. Da diese Analysen über den eigentlichen Zweck der Untersuchung hinausgehen, sollen sie hier nicht weiter berücksichtigt werden.[147]

An dieser Stelle lässt sich subsumieren, dass Forschung und Entwicklung als wichtiger Wettbewerbsparameter einzustufen ist, dessen Folgen wettbewerbspolitisch nicht immer unbedenklich sein können. Es ist möglich, dass sich diese Folgen mindernd auf die Gesamtwohlfahrt im Land auswirken können.

Anders sieht es aus, wenn sich der Fokus von der gesamtwirtschaftlichen auf die einzelwirtschaftliche Betrachtung verändert. Hier spielen quantitativ weniger, aber qualitativ nicht weniger wichtige Gründe die entscheidende Rolle.


## 8.4    Einzelwirtschaftliche Betrachtung

Einer der Hauptgründe zur Vereinbarung einer F&E-Kooperation ist die Generierung von Kostenvorteilen – also die Senkung von Kosten. Aus einzelwirtschaftlicher Sicht – mit dem Blick der beteiligten Unternehmen – ist dies auch nur legitim. Daher soll

---

[146] Vgl. Hansen 1999: 72
[147] Vgl. Hansen 1999: 74

dieser Faktor hier auch im Fokus der Betrachtungen stehen. Andere –möglicherweise ins Gewicht fallende – Faktoren werden hier nicht weiter betrachtet.

In der Literatur ist im Konsens mit F&E-Kooperation oft von Skaleneffekten oder „economies of scale" die Rede.[148] Allerdings ist dies hinsichtlich F&E-Tätigkeiten auf den ersten Blick nicht ganz plausibel.

Gemäß der gängigen Definition entstehen Skaleneffekte, wenn durch die Erhöhung der Ausbringungsmenge eines Produktes Kostenersparnisse auftreten. Die durchschnittlichen Gesamtkosten je Stück sinken langfristig, d. h. die Gesamtkosten nehmen langsamer zu als die Ausbringungsmenge.[149] Jedoch kann von einer bestimmten Innovation nicht mehr oder weniger „produziert" werden. Allerdings könnte man von „Skaleneffekten" sprechen, wenn man die F&E-Abteilung als einen „innovationsproduzierenden" Betrieb interpretieren würde und die Durchschnittskosten je Innovation mit zunehmender Größe der Forschungsabteilung sinken würden.[150] Hier stellt sich nun die Frage, auf welche Weise in der F&E Skaleneffekte erzielt werden können.

In der F&E können Skalenerträge aus folgenden Quellen kommen:

- Kooperationspartner spezialisieren sich auf bestimmte F&E-Teilaufgaben
- Gründung von F&E-Gemeinschaftsunternehmen mit einer optimalen Betriebsgröße
- Größere finanzielle Budgets ermöglichen bessere Ausstattung und damit höhere Produktivität in den F&E-Projekten
- Vereinigung komplementärer Erkenntnisse und Erfahrungen[151]
- Attraktive und gut ausgestattete F&E-Projekte machen bessere Spezialisten auf sich aufmerksam, was sich positiv auf die Gesamtqualität der F&E-Projekte auswirkt[152]

Die Generierung von Skaleneffekten stellt einen gravierenden Vorteil dar, denn sie führen zu geringeren Kosten in den F&E-Projekten, zu niedrigeren Kosten für die beteiligten Unternehmen und damit zu niedrigeren Innovationskosten.[153] Gleichzeitig steigt die Gesamtrentabilität, da mit steigender Produktionsmenge des innovativen

---

[148] Vgl. Franz 1995: 100
[149] Vgl. Gabler 2006: 308
[150] Vgl. Franz 1995: 101
[151] Vgl. Franz 1995: 101
[152] Vgl. Scholl 1998: 32
[153] Vgl. Franz 1995: 100

Gutes dessen Durchschnittskosten sinken, da die „Stückkosten" in der F&E sinken.[154]

Im Rahmen einer F&E-Kooperation werden die Kosten zwischen den beteiligten Unternehmen geteilt. Dadurch verringern sich die Kosten pro Unternehmen um den Anteil, den der Kooperationspartner trägt. Es ist daher finanziell durchaus attraktiv, eine Kooperation einzugehen, auch wenn die beteiligten Unternehmen in der Lage wären, das Projekt im Alleingang zu finanzieren.[155] Dies führt zu einer höheren Gesamtrentabilität, da das eingesetzte Kapital geringer ist. Es wäre daher für die Unternehmen möglich, mehrere F&E-Projekte zu finanzieren.

Die Verringerung von F&E-Kosten durch eingegangene Kooperationen ist kann auf folgende Ursachen zurückgeführt werden:

- F&E-Kostensteigerung durch hohe Wettbewerbsintensität
- Realisierung des Vorteils „first to market"
- Realsierung von Skaleneffekten
- Reduzierung von Transaktionskosten[156]


Im Rahmen von komplexen F&E-Projekten – wie sie ja in der Automobilindustrie in einer Vielzahl vorhanden sind – kommt den Transaktionskosten eine besondere Bedeutung zu.

Als Transaktionskosten werden Kosten bezeichnet, die im Rahmen von vertraglichen Austauschbeziehungen für die Festlegung, Übertragung und Durchsetzung von Verfügungsrechten entstehen. Die Kosten fallen unabhängig davon an, ob sie über den Markt, innerhalb des Unternehmens oder über eine Zwischenform wie eine Kooperation koordiniert werden. Dabei gilt die Koordinationsform mit den niedrigsten Transaktionskosten als die vorteilhafteste. Zur Bestimmung von Transaktionskosten wird meist auf ein Konzept zurückgegriffen, welches unter der Bezeichnung „Organization Failure Framework bekannt ist.[157]

---

[154] Vgl. Hansen 1999: 88
[155] Vgl. Franz 1995: 102
[156] Vgl. Scholl 1998: 30
[157] Vgl. Bühner 2001: 760

Wenn im Rahmen von komplexen Projekten im F&E-Bereich z. B. das Know-how aus verschiedenen Bereichen zusammenkommt, ist das i. d. R. mit hohen Transaktionskosten verbunden. Dies ist hauptsächlich mit der Heranziehung von externen Ressourcen zu begründen.[158] Aufgrund der Nachteile und Risiken (vgl. Abschnitt 7.2 dieser Untersuchung) stellt eine F&E-Kooperation aus ökonomischer Sicht keine sinnvolle Alternative zur einmaligen Lizenznahme dar, ist aber eine attraktive Alternative zur transaktionskosten-intensiven Auftragsvergabe.[159]

Die Lizenznahme setzt voraus, dass benötigtes Wissen bereits im lizenzwilligen Unternehmen vorhanden ist. Bei F&E-Projekten, dessen Ziel die „Produktion" neuen Wissens ist, wird dieses Wissen häufig noch nicht vorhanden sein.[160] Daher kann die Suche nach einem Partner mit entsprechendem Know-how entsprechende Such- und Informationskosten nach sich ziehen. Auch die Gestaltung und Überwachung der Verträge verursacht im Verhältnis zu Standardverträgen hohe Transaktionskosten, da „über einen Technologietransfer kein einfacher Vertrag zu schließen ist."[161]

Auftragsarbeiten sind für das ausführende Unternehmen mit umfangreichen transaktionsspezifischen Investitionen verbunden. Daher kommen für den Auftraggeber nur wenige Unternehmen als Transaktionspartner in Frage, da dies bei (fehlendem) Know-how oftmals der Fall sein dürfte.[162] Das Risiko einer Situation der Abhängigkeit bei einer Verbindung mit einem Transaktionspartner ist entsprechend hoch. Daher ist der Abschluss komplexer bilateraler Verträge notwendig, was mit entsprechend hohen Transaktionskosten verbunden ist.[163]


Eine F&E-Kooperation verursacht demnach ebenfalls Transaktionskosten, jedoch werden hier Informationsasymmetrien reduziert.

Ist von zwei kooperierenden Geschäftspartnern die eine Seite (Partner A) besser informiert als der Andere (Partner B), spricht man von einer Situation mit Informationsasymmetrie. Ökonomisch relevante Probleme entstehen dadurch, dass die Kosten für die Informationsbeschaffung für Partner B prohibitiv hoch sind. Aufgrund des In-

---

[158] Vgl. Franz 1995: 102
[159] Vgl. Franz 1995: 102
[160] Vgl. Watkins 1992: 56
[161] Vgl. Williamson: 26
[162] Vgl. Franz 1995: 102
[163] Vgl. Williamson 1990: 38

formationsvorsprungs entsteht ein diskretionärer Handlungsspielraum, den Partner A zu seinem Vorteil nutzen kann.

Hinzu kommt, dass Technologietransferkosten – bei komplexen Projekten relativ hoch – im Rahmen von Kooperationen reduziert werden, weil der ständig stattfindenden Informationsaustausches und die sog. „lessons learned" besser realisiert werden.[164]

# 9 Expertenbefragung zur aktuellen Lage und zukünftigen Entwicklungen

Zur Untermauerung der erarbeiteten theoretischen Erkenntnisse wurde im Rahmen dieser Untersuchung eine Interviewreihe mit ausgewählten Experten aus der Automobilbranche durchgeführt. Diese Befragung wurde mit Hilfe eines Fragebogens durchgeführt, der unter Zuhilfenahme der theoretischen Erarbeitungen sowie der Teilnahme an praxisnahen Diskussionsforen konzipiert wurde.

## 9.1 Aufbau des Fragebogens

Vor der Führung von Interviews mit ausgewählten Branchenexperten galt es zunächst, einen Interviewleitfaden in Form eines Fragebogens zu entwickeln.[165] Dabei wurden die erarbeiteten theoretischen Erkenntnisse zu Kooperationen dazu verwendet, Themenbereiche festzulegen und möglichst einfach zu strukturieren. Der Fragebogen ist so angeordnet, dass die interviewte Person vom Allgemeinen ins Spezielle geführt wird.[166] Bei der Formulierung der Fragen wurde auf ein leicht verständliche und klar Formulierung geachtet. Die Punkte, bei denen lediglich eine Kategorisierung erforderlich ist, wurden ebenfalls deutlich und unmissverständlich formuliert. Eine Version des benutzten Fragebogens ist in der Anlage dieser Untersuchung zu finden.

---

[164] Vgl. Watkins 1992: 76
[165] Vgl. Schnell / Hill / Esser 1999: 301
[166] Vgl. Raab-Steiner / Benesch 2010: 51

## 9.2 Gesprächspartner

Die Interviewpartner wurden hinsichtlich ihrer Position, Kompetenz und Erfahrung in der Automobilindustrie ausgewählt. Dabei wurde darauf geachtet, einen repräsentativen Querschnitt durch ein „Unternehmen" zu erreichen. Dies sollte erreicht werden, indem alle wichtigen Fachbereiche eines Unternehmens bei der Auswahl der Partner berücksichtigt werden sollten.

Den Anfang machte der ehemalige Geschäftsführer für Vertrieb und Marketing eines mittelständischen Automobilzulieferers, der über eine mehr als 30jährige Erfahrung im Vertrieb der Autoindustrie verfügt und heute als selbständiger Unternehmensberater tätig ist.

Danach stellte sich der Geschäftsführer Entwicklung eines global tätigen Automobilzulieferers aus dem Bereich Sensorik / Elektronik für ein Interview zur Verfügung. Vor dieser Zeit war er als Entwicklungs- und Profi-Center-Leiter bei mittelständischen Zulieferern tätig.

Das nächste Gespräch wurde mit dem Geschäftsführer Einkauf / Materialwirtschaft eines Herstellers von Spezialmaschinen für den Bau- und Landwirtschaftsbereich geführt. Vor dieser Position bekleidete der Interviewpartner ebenfalls im mittelständischen Bereich Positionen im Einkauf bzw. der Materialwirtschaft.

Des Weiteren wurde ein Interview mit dem ehemaligen Geschäftsführer Produktion eines mittelständischen Zulieferbetriebes geführt. Vor dieser Position bekleidete der Gesprächspartner u. a. die Position eines Werkleiters mit rund 4.000 Beschäftigten eines global agierenden Automobillieferanten.

Für das letzte Gespräch stellte sich freundlicherweise der Professor für Fahrdynamik einer bekannten Technischen Universität zur Verfügung. Vor dieser Professur hatte der Interviewpartner die Position der technischen Entwicklungsleitung eines mittelständischen Automobilzulieferers bekleidet.

Diese Gesprächspartner stellen einen repräsentativen Querschnitt und eine ausreichende Basis zur Vertiefung der theoretisch erarbeiteten Kenntnisse dar. Freundlicherweise haben sie sich zur Verfügung gestellt, um mir während der Befragung einen praxisnahen und vielseitigen Einblick in alle Bereiche der Automobilindustrie zu geben.

## 9.3 Befragung

Die Befragung zur Datenerhebung fand zwischen dem 02. August und 15. September 2011 statt. Dabei zielten die Interviews darauf ab, die gewonnenen theoretischen Erkenntnisse hinsichtlich der aktuellen Situation auf den globalen Automobilmärkten zu diskutieren und zu analysieren. Des Weiteren wurden die sog. „dritte Revolution in der Automobilindustrie" (vgl. Abschnitt 1 dieser Untersuchung) sowie die alternativen Antriebstechniken erörtert. Dabei wurde das Hauptaugenmerk auf die Kooperationen bei der Erforschung und Entwicklung neuer Technologien gelegt. Im weiteren Verlauf wurde die Mobilität der Zukunft näher erläutert. Dazu wurden die Meinungen der Gesprächspartner hierzu eingeholt sowie deren Einschätzungen über die zukünftige Gestaltung von Mobilitätskonzepten eingeholt. Über allen besprochenen Aspekten hinsichtlich der Kooperationen im F&E-Bereich lag jedoch das hauptsächliche Interesse bei der Frage, ob die aktuell praktizierten Kooperationen und Kooperationsformen eine zukunftsfähige Tragfähigkeit aufweisen. Dies war der Dreh- und Angelpunkt im Rahmen der geführten Interviews.

Zur Befragung selbst wurde das Verfahren der teilstrukturierten Interviews angewandt.[167] Dazu wurde der konzipierte Fragebogen (vgl. Abschnitt 9.3 dieser Untersuchung) als Leitfaden eingesetzt. Hierdurch war die Möglichkeit gegeben, die Abfolge der Fragen je nach Verlauf des Gesprächs individuell festzulegen. Allerdings wurden die vorformulierten Fragen benutzt und der gesamte vorgegebene Fragenkatalog während des Interviews „abgearbeitet".[168] Die Inhalte der Interviews führen letztlich zu den Ergebnissen dieser Untersuchung.

## 10 Ergebnisse

F&E-Kooperationen sind ein wichtiger Bestandteil der Automobilindustrie und erfahren eine wachsende Bedeutung. Gerade im Bereich der Grundlagenentwicklung (z. B. neue Materialien und Fertigungsverfahren etc.) wird das Thema immer populärer. Durch die sich ständig verändernden Rahmenbedingungen in der Automobilbranche wird häufig auf Kooperationen zurückgegriffen, um auch zukünftig wettbewerbsfähig zu bleiben. Als Beispiel kann hier die Kooperation zwischen Audi und Sanyo im Be-

---

[167] Vgl. Schnell / Hill / Esser 1999: 300
[168] Vgl. Schnell / Hill / Esser 1999: 303

reich der Grundsatzforschung für die nächste Generation der Batterien für Elektromotoren genannt werden.[169]

Ein häufiger Grund für die Vereinbarung von Kooperationen im F&E-Bereich ist die zunehmende Spezialisierung bzw. die Konzentration auf Kernkompetenzen im eigenen Unternehmen. Fehlendes Know-how im eigenen Haus wird durch das Hinzuziehen von Spezialisten ausgeglichen, wobei hier eindeutig abgegrenzt werden muss, welcher der Kooperationspartner welche Arbeiten zu erledigen hat.

Besonders die horizontalen F&E-Kooperationen können sowohl den beteiligten Unternehmen als auch der Gesamtwirtschaft einen deutlichen Vorteil bringen. Jedoch ist aus Sicht der beteiligten Unternehmen ein besonderes Augenmerk auf der Ausgestaltung der Kooperationsvereinbarung zu legen, in der wichtige Meilensteine festgelegt werden müssen. Vorteile lassen sich vor allem generieren, wenn das Vorgehen der Kooperationspartner den Wettbewerb nicht beeinträchtigt. Es lässt sich allerdings daraus nicht schlussfolgern, dass F&E-Kooperationen aus wettbewerbspolitischer Sicht generell unbedenklich und damit positiv zu bewerten sind.

Daher sind F&E-Kooperationen nicht grundsätzlich abzulehnen oder gutzuheißen. Es ist im Einzelfall genau zu prüfen, ob sich eine Kooperation aus einzel- und gesamtwirtschaftlicher Sicht auswirkt. Dabei geht es nicht darum, jegliche Koordination von Wettbewerbsparametern zu unterbinden, sondern es ist lediglich dort einzugreifen, wo sich der Wettbewerbsdruck reduziert und damit eine Beschränkung des Wettbewerbs eintritt.

## 10.1 Beantwortung der Forschungsfrage

Sind die existierenden Kooperationsformen in der Lage, die zukünftigen Anforderungen zu erfüllen (vgl. Abschnitt 2 dieser Untersuchung)? Die beteiligten Unternehmen – OEMs und Zulieferer – müssen sich den neuen Gegebenheiten auf den globalen Märkten stellen. Dazu zählen u. a. die Erschließung neuer Märkte und die Erforschung neuer Technologien (vgl. Abschnitt 5 dieser Untersuchung).

---

[169] Vgl. Rupert Stadler, Vorstandsvorsitzender der Audi AG, während der Handelsblatt-Fachtagung „Automobil-Industrie" am 14.07.2011 in München

Die gegenwärtig in der Praxis angewandten Kooperationsformen sind (vgl. Abschnitt 6.2 dieser Untersuchung):

> - Kartell
> - Strategische Allianz
> - Joint Venture
> - Konsortium
> - Outsourcing
> - Lizenzkooperation
> - Franchising

Allerdings können diese existierenden Kooperationsformen können nicht immer dazu herangezogen werden, die zunehmende globale Geschäftstätigkeit in der Automobilbranche abzudecken.

Gerade bei den immer häufiger vorkommenden interkontinentalen Kooperationen stoßen besonders kleine und mittelständische Unternehmen an ihre finanziellen, organisatorischen und kapazitiven Grenzen. Dies gilt sowohl für horizontale als auch für vertikale Kooperationen. Hauptsächlich liegt das daran, dass diesen Betrieben die Ansiedlung in der Nähe der Fertigungsstätten der OEMs und damit eine zunehmende globale Präsenz quasi aufgezwungen wird. Kommen die Zulieferer dieser Kundenforderung nicht nach, hat dies oftmals den Verlust von Aufträgen die Folge, da die Präsenz in der Nähe der Fertigungsstätte ein Kernkriterium für die Lieferantenauswahl seitens der OEMs darstellt. Häufig ist dieser kundenseitige „Zwang" verbunden mit Vorschriften seitens der Behörden des ausgewählten Landes, welche zur Ansiedlung erfüllt sein wollen.

Diese Umstände sind oftmals gepaart mit grundsätzlicher Unkenntnis über den Zielmarkt und fehlendem Vertrauen in die Arbeitsweise der dort ansässigen (möglichen) Kooperationspartner. Gerade das Misstrauen gegenüber anderen Kulturkreisen macht es für die beteiligten  Unternehmen sehr schwierig, eine Kooperation im eigentlichen Sinne aufzubauen. Dies ist wichtig für die Ansiedlung in der sog. „Schwellenländern" die spezielle Bedingungen für die Unternehmensgründung im eigenen Land stellt (vgl. Abschnitt 6.3 dieser Untersuchung). Hinzu kommt noch die fehlende Akzeptanz der neuen Kooperation unter den eigenen Mitarbeitern. Hier ist Fingerspitzengefühl und Umsichtigkeit gefragt, um die Mitarbeiter für die Zusammenarbeit motivieren zu können.

Auch bei Fragen zur Vertragsgestaltung ist es oft der Fall, dass sich sowohl die gesetzlichen Grundlagen beider Länder als auch die Arbeitsweisen an sich z. T. deutlich unterscheiden. Dinge, die hier als selbstverständlich angesehen werden, bedürfen beim Partner im Zielland der genauen vertraglichen Festlegung und umgekehrt. Auch hier herrscht noch Handlungsbedarf.

Bei F&E-Kooperationen – gleich in welcher Richtung - auf nationaler bzw. kontinentaler Ebene sind wichtige Rahmenbedingungen größtenteils bekannt. Jedoch ist hier der „Zwang" zu einer Kooperation nicht vorhanden. Dies geht dann oft einher mit der fehlenden Bereitschaft bzw. dem fehlenden Bewusstsein für eine Kooperation. Auch herrscht hier wenig Vertrauen in die (möglichen) Kooperationspartner. Dies ist oft der Fall, wenn es sich um direkte Wettbewerber handelt, die für eine Kooperation in Frage kommen. Gerade bei kleinen und mittleren Unternehmen ist hier die Befürchtung, schlechter abzuschneiden als der Kooperationspartner, besonders groß und bedarf einer sorgfältig formulierten Kooperationsvereinbarung.

Die Kooperationsvereinbarung muss auf jeden Fall genau festgelegte Rechte und Pflichten der beteiligten Unternehmen enthalten. Die Befragung hat hier ergeben, dass dies in aktuellen Kooperationen nicht immer der Fall ist. Auch gehören klar definierte Verantwortlichkeiten in diese Vereinbarung, gepaart mit einem Maßnahmenplan, was passiert, wenn diesen Vorgaben nicht nachgekommen wird.

Es ist jedoch zu beobachten, dass sich auch hier die Einstellungen gegenüber den Kooperationen nach und nach verändert. Die Erkenntnis, durch Kooperationen schneller, günstiger und besser zu akzeptablen Ergebnissen zu kommen, setzt sich auch bei kleineren Unternehmen mehr und mehr durch.

Im Großen und Ganzen haben sich Unternehmenskooperationen durchaus bewährt. Bedingt durch die Veränderungen in der gesamten Branche müssen aber die unterschiedlichen Kooperationsformen in der Automobilindustrie noch angepasst werden. Dabei darf jedoch ein Punkt nicht aus den Augen verloren werden: Kooperationen werden von Menschen gemacht und können auch nur durch Menschen erfolgreich sein. Dieser Aspekt findet noch zu wenig Berücksichtigung bei der Planung von Kooperationen. Hier wird das Hauptaugenmerk zu sehr auf standardisierte Prozesse und

IT-Lösungen gelegt. Dabei soll die Wichtigkeit dieser Aspekte nicht geschmälert werden. Die Fokussierung hierauf ist allerdings nicht ausreichend.

## 10.2 Eckpunkte eines zukünftigen Kooperationsmodells

Die gewonnenen Erkenntnisse mit Stärken und Schwächen der aktuellen Kooperationen haben dazu geführt, ein neues bzw. weiterentwickeltes Kooperationsmodell zu konzipieren.

Das Modell „Kooperation 2030" soll den Anforderungen der zukünftigen Entwicklungen gerecht werden. In diesem Modell liegt das Hauptaugenmerk weniger auf der praktischen Arbeit, sondern mehr auf den Rahmenbedingungen, die mit einer Kooperation einhergehen. Die Erarbeitung hat gezeigt, dass hier die meisten Schwächen bzw. Risiken einer Kooperation verborgen sind (vgl. Abschnitt 10.1 dieser Untersuchung).

Die wesentlichen Eckpunkte des neuen Modells können wie folgt genannt werden:

- Vertrauensvolle und kommunikative Zusammenarbeit zwischen den Kooperationspartnern
- Klares Bekenntnis und klarer Wille zur Kooperation
- Detaillierter Kooperationsvertrag
- Genaue Definition von Rechten, Pflichten und Verantwortlichkeiten
- Festlegung von Nutzungsrechten an den Forschungsergebnissen

Eine vertrauensvolle und –fördernde Art ist von Anfang an genauso erforderlich wie eine offene und kommunikative Zusammenarbeit. Dies soll dem Kooperationspartner signalisieren, dass alle Interessen von Beginn an dargelegt wurden und er keine (bösen) Überraschungen zu fürchten hat. Auch muss ein klares Bekenntnis zur Kooperation vorliegen. Dies müssen die Beteiligten im Vorfeld der Verhandlungen im eigenen Unternehmen erzeugen. Der Wille muss vorhanden sein, sowohl eine solche Kooperation auf dem Papier zu beschließen als auch auf operativer Ebene gemeinsam zu arbeiten.

Im Kooperationsvertrag werden detailliert die Inhalte der Zusammenarbeit festgelegt. So ist es notwendig, dass eine klare Zielvorgabe für die Kooperation formuliert wird. Dies können allgemeine Ziele sein, z. B. Technologie-Zugang oder Senkung von Entwicklungskosten. Allerdings hat die Befragung ergeben, dass auch der Zugang zu neuen Märkten und die Erzielung von Synergieeffekten – einerseits für spätere Entwicklungen, andererseits für die Serienproduktion des aktuellen Projekts – eine sehr wichtige Rolle spielen.

Darüber hinaus werden die Rechte und Pflichten der Kooperationspartner sowie Verantwortlichkeiten festgelegt, um später gar keine Fragen aufkommen zu lassen. Manchmal wird einfach aus Zeitgründen auf die Betrachtung solcher Details verzichtet. Allerdings ist dies nicht immer zielführend und kann schnell zu atmosphärischen Störungen zwischen den Partnern führen. Des Weiteren muss klar geregelt sein, wie der Kontakt zwischen den Partnern erfolgt. Es ist außerdem erforderlich, einen Zeitplan zu erstellen, diesen mit dem F&E-Partner abzustimmen und auch mit einem Maßnahmenplan zu versehen, was passieren soll, wenn der Zeitplan in Verzug gerät. Dieser Punkt ist besonders bei der Grundlagenforschung zu berücksichtigen, da niemand voraussagen kann, wie lange die Entwicklungsarbeit letztendlich dauert. Und niemand kann vorhersagen, wann der entscheidende Geistesblitz zur Lösung der Probleme aufkommt.

Einen wesentlichen Punkt im Modell „Kooperation 2030" nimmt das Thema der Nutzung von Rechten und Patenten aus den Forschungsergebnissen ein. Heute ist es oft so, dass eine Kooperation aus Angst, bei der geschäftlichen Nutzung der Ergebnisse übergangen zu werden bzw. einen Nachteil zu erleiden, gar nicht erst eingegangen wird. Daher ist es sehr wichtig, von Anfang an eine konkrete Nutzung zu vereinbaren und dies vertraglich festzulegen. Dabei ist den Beteiligten im Rahmen der gesetzlichen Vorschriften keine Grenze bei der Ausgestaltung dieser Nutzungsrechte gesetzt. Es könnte z. B. eine geografische Trennung erfolgen (Partner A: Asien, Partner B: Europa).

Auch muss klar fixiert sein, wie mit dem Know-how umgegangen wird, welches die Partner in die Kooperation mitbringen. Dies resultiert daher, dass eine Kooperation gar nicht funktionieren kann, wenn die Beteiligten nicht einen Einblick in die Arbeitsweisen, Prozesse und Strukturen des jeweiligen Partners erlangen. Dies ist auch ein

Punkt, der durchaus kritisch betrachtet wird: der Verlust eigenen Know-hows. Bei einer klaren vertraglichen Regelung kann dieses Bedenken zerstreut werden.

Zusammenfassen lässt sich an dieser Stelle festhalten, dass in zukünftigen Kooperationen mehr auf die vertragliche Ausgestaltung und der Definierung von Einzelheiten geachtet werden muss. Die praktische Erfahrung hat gezeigt, dass die operative Ebene durchaus in der Lage ist, erfolgreich kooperativ zusammenzuarbeiten. Jedoch entstehen Fragen und Unklarheiten überwiegend durch fehlende Verantwortlichkeiten, Rechte und Pflichten.

Jedoch ist es nicht möglich, Merkmale wie eine vertrauensvolle und offene Zusammenarbeit vertraglich zu verankern. Dies kann nur gemeinsam erarbeitet werden. Auch ist es unmöglich, alle Risiken durch Klauseln in Verträgen auszuschließen. Es ist aber möglich, sowohl durch die praktische Erfahrung als auch durch die „Neuerungen" im Modell „Kooperation 2030" zumindest die Risiken, die nicht von den Kunden und aus der Landschaft der Stakeholder kommen, zu minimieren und damit überschaubar zu halten.


## 10.3 Handlungsempfehlungen für OEMs

Gerade die OEMs sind in der nahen Zukunft besonders gefordert, um das eigene Unternehmen zukunftsfähig zu gestalten. Dabei sind die wartenden Herausforderungen – besonders aus technologischer und geografischer Sicht – sehr umfangreich und vielfältig. Gerade das globale Agieren auf vielen unterschiedlichen Märkten ist und bleibt eine Herkules-Aufgabe. Es wird Fahrzeughersteller geben, die nicht in der Lage sein werden, dies mit den vorhandenen Kapazitäten abzubilden. Da ein Kapazitätsaufbau auch nur bedingt in Frage kommt, müssen die OEMs auf die Innovationsfähigkeit und Kreativität ihrer Zulieferer zurückgreifen. Dies bedeutet nichts Anderes, als die Zulieferbetriebe in vertikaler Richtung enger an das eigene Unternehmen zu binden.

Ein Ansatzpunkt ist es, bei der Vergabe von Aufträgen nicht nur auf den angebotenen Stückpreis und die Bereitschaft, bei bereits in Serie laufenden Teilen ebenfalls eine gesonderte Preissenkung vorzunehmen, zu schauen, sondern auch den Ideenreichtum, die Innovationskraft und die Kreativität eines Zulieferers mit einzubeziehen. Dies ist ein möglicher Schritt, um Defizite bei der eigenen Innovationsfähigkeit abzubauen. Aus finanziellen Gesichtspunkten rückte besonders in der letzten Wirtschafts-

und Finanzkrise ein Kriterium in den Fokus der OEMs, der bisher vernachlässigt wurde: die wirtschaftliche Zuverlässigkeit eines Unternehmens. Damit ist gemeint, ob der Zulieferer in der Lage ist, seinen finanziellen Verpflichtungen gegenüber Lieferanten, Mitarbeiten, staatlichen Institutionen etc. nachzukommen.

Sicherlich fordern die OEMs schon heute von ihren Zulieferern, ständig neue Ideen. Allerdings fehlt dann doch die Bereitschaft, sich einfach mal neue Ideen des Lieferanten anzuschauen. Wenn eine Präsentation beim OEM stattfindet, muss der Zulieferer i. d. R. schon eine genaue Aussage machen, in welcher Höhe sich der Stückpreis bewegt und wie hoch die Entwicklungskosten sein werden. Kann er dies nicht, so ist meist das Interesse schon gedämpft, und eine vielleicht richtig gute Idee scheitert am Erwartungsbild des potentiellen Kunden. Aus diesem Grund haben viele Zulieferer schon Hemmungen, eine neu entwickelte Idee überhaupt vorzustellen, nur weil noch keine bis auf die dritte Stelle hinter dem Komma genaue Kostenkalkulation vorliegt. Dadurch entgehen den OEMs sicherlich viele Möglichkeiten, mit neuen Technologien in Berührung zu kommen.

Signalisieren die OEMs jedoch Bereitschaft, sich auch neue technische Entwicklungen anzusehen und völlig frei vom Kostengedanken einfach auf sich wirken zu lassen, wird dies den Zulieferern einen gewaltigen Ansporn geben, dem Ideenreichtum freien Lauf zu lassen.

Aus Sicht der OEMs sollte der Blick auf eine Frage gerichtet werden: welcher Anteil des Konzernumsatzes wird in F&E investiert? Sind die OEMs in der Lage bzw. gewillt, einen angemessenen Teil des erzielten Umsatzes in F&E zu investieren, bleibt die eigenen Innovationsfähigkeit erhalten bzw. wird gefördert. Allerdings bleibt es jedem OEM selbst überlassen, den für ihn „angemessenen" Anteil festzulegen.

## 11    Fazit und Ausblick

Kooperationen stellen ein probates Mittel dar, die Chancen der Unternehmen zu vergrößern und gleichzeitig die Risiken auf mehrere Schultern zu verteilen und diese für die einzelnen Beteiligten zu mindern. Dabei können Kooperationen mit einem oder mehreren Unternehmen, mit Wettbewerbern der gleichen Branche oder mit branchenfremden Betrieben eingegangen werden.

Jedoch sind F&E-Kooperationen kein Selbstzweck. Die Ziele, die mit Kooperationen verfolgt werden, können ganz unterschiedlich sein. Und auch die Schwierigkeiten, die auftreten können, sind vielfältiger Natur. Dies ist besonders der Fall, wenn die Größe der beteiligten Unternehmen sehr unterschiedlich ist.

Besonders ausgeprägt ist diese Erscheinung im Bereich der vertikalen Kooperation, wie sie häufig zwischen OEM und Zulieferer zu finden ist, also eine klassische Verbindung auf Tier-One-Ebene. Auf den ersten Blick scheint da nur der Fahrzeughersteller seine Prozesse und Arbeitsweisen durchsetzen zu wollen, doch wenn der OEM bereit ist, seinen Horizont zu öffnen, kann eine sog. „Win-Win-Situation" beiderseitigen Lernens entstehen. Bis es hier jedoch so weit ist, ist ein Hauptaspekt das „Machtgefüge" zwischen Lieferant und Kunde. Hier ist oft kein Umstand zu finden, der den Namen Kooperation wirklich verdient. Jedoch haben auch die Recherchen für diese Untersuchung gezeigt, dass in den kommenden Jahren eine Annäherung zwischen beiden Ebenen zu erwarten ist bzw. sich diese bereits vollzieht, da auch bei den Zulieferern eine Konsolidierung der Märkte stattfindet. Dies bedeutet, dass größere und große Zulieferer entstehen, die diese Annäherung forcieren werden. Es wird jedoch noch eine Weile dauern, bis sich dies überall durchgesetzt hat. Bis zu diesem Zeitpunkt werden vertikale Kooperationen weiterhin am Problem des Machtgefüges scheitern. Es gibt aber auch Fälle, wo eindrucksvoll bewiesen wurde, dass derartige Kooperationen auch heute schon funktionieren. Dabei haben die OEMs einfach akzeptiert, die Innovationskraft der Zulieferer anzuerkennen und die Lieferanten als eine Art „Unternehmensberatung" zu nutzen, wobei diese Kooperation in zwei Richtungen erfolgt. Dem OEM wird vom Zulieferer dabei geholfen, Schwachstellen in eigenen Prozessen, Systemen und Strukturen zu erkennen und zu beseitigen. Im Gegenzug erhält der Lieferant Unterstützung bei der Erfüllung von Qualitätsansprüchen bei kontinuierlich sinkenden Einkaufspreisen.

Allerdings bleibt die Frage offen, ob die OEMs wirklich dazu bereit sind, die bequeme Position der Macht zu verlassen und sich auf das beiderseitige Lernen einzulassen. Die Branche ist sich jedoch einig, dass dieser Weg der richtige Weg ist. Allerdings wäre es falsch zu glauben, diese Erkenntnis – immerhin Inhalt zahlreicher Diskussionsforen, Vorträge und Seminare – würde ausreichen, um quasi als Selbstgänger dafür zu sorgen, dass Kooperationen in vertikaler Richtung auch so ausgestaltet werden, dass sie dieser Bezeichnung auch würdig sind.

Nicht weniger wichtige, aber doch andere Probleme hat die horizontale Kooperation. Hier treffen Unternehmen aus der gleichen Hierarchiestufe aufeinander. Dies bedeutet, dass diese sich oftmals im direkten Wettbewerb zueinander befinden. Da ist dann schon das erste Hauptproblem formuliert: die direkte Konkurrenz zwischen den Zulieferbetrieben, verbunden mit der natürlichen Angst, sich in die Karten schauen zu lassen. Ein weiterer wichtiger Punkt ist die Knappheit an Zeit und Personal, die für die Kooperation aufgewendet werden können. Gerade kleine und mittelständische Unternehmen sind kapazitiv nicht so aufgestellt, um für Kooperationen Ressourcen zur Verfügung stellen zu können. Auch diese Knappheit ist eine Folge des ständigen Kostendrucks, unter dem die Zulieferbetriebe stehen. Viele Betriebe sind einfach nicht in der Lage, für mittel- und langfristige Strategien – zu welchen die Kooperation eindeutig zählt – einen Teil ihrer Kapazitäten zur Verfügung zu stellen, auch wenn dies sicherlich der richtige Weg wäre.

Auch für die Theorie der F&E-Kooperationen gilt, den Rahmenbedingungen eine größere Aufmerksamkeit zu schenken. Sind in den Kooperationsvereinbarungen die Zuständigkeiten, Verantwortlichkeiten, Rechte und Pflichten klar definiert und verteilt, ist die spätere praktische Arbeit mit deutlich weniger Reibungsverlusten durchzuführen. Hier müssen die beteiligten Unternehmen – auch wenn oft der Zeitplan eng ist – die notwendige Sorgfalt an den Tag legen und sich die Zeit nehmen, die für die entsprechenden Formulierungen notwendig ist.

Die genannten Probleme werden nicht kurzfristig zu überwinden sein. Dazu sind die angewandten Strategien und Arbeitsweisen zu verwurzelt. Jedoch erkennen mehr und mehr beteiligte Personen, dass es in vielen Fällen der sich wandelnden Automobilbranche ohne Kooperationen nicht mehr geht – unabhängig davon, ob diese de facto aufgezwungen wird oder nicht. Die Fahrzeughersteller werden noch eine ganze Weile brauchen, bis auch sie erkannt haben, dass sie ohne innovative Zulieferer schnell den Anschluss an den Wettbewerb verlieren würden. Und die Zulieferer sind dabei, sich eine Position zu erarbeiten, in der Kreativität und Innovation wieder ein wesentlicher Bestandteil der Betrachtungen wird. Bleibt abzuwarten, wie sich die nächsten Jahre gestalten werden. Aber eines ist sicher: die Zahl der Kooperationen wird weiter steigen. Und die Machtposition der OEMs weiter sinken.

# 12    Literaturverzeichnis

Barsauskas, P. & Schafir, S. (2003): Internationales Management. München, Wien; Oldenbourg-Verlag

Bartelt, A. (2002): Vertrauen in Zuliefernetzwerken. Wiesbaden

Bialdiga, K. (2010): BHP pocht auf flexible Erzpreise. In: Financial Times Deutschland, Ausgabe vom 01.10.2010

Bialdiga, K. (2011): Arcelor und Thyssen basteln an Rohstoff AG. In: Financial Times Deutschland, Ausgabe vom 09.02.2011

Buhl, H.-U. (2011): Forschung gegen Rohstoffknappheit. In: Financial Times Deutschland, Ausgabe vom 03.01.2011

Bühner, R. (2001): Management-Lexikon. München, Wien; Oldenbourg-Verlag

Braunschweig, C. (1998): Unternehmensführung. München, Wien; Oldenbourg-Verlag

Burmeister, K. (2011): Automobile Fortbewegung in 2030: Disruptionen und Zukunftsperspektiven. Vortrag im Rahmen der 19. Handelsblatt Jahrestagung „Die Automobilindustrie", München, 14./15. Juli 2011

Diehlmann, J. & Häcker, J. (2010): Automobilmanagement – Die Automobilhersteller im Jahre 2020. München; Oldenbourg-Verlag

Elsner, U: (1996): Kooperationsstrategien internationaler Automobilhersteller unter besonderer Berücksichtigung der horizontalen Kooperation. Promotion am Fachbereich Wirtschaftswissenschaften der Justus-Liebig-Universität Gießen; Wintersemester 1996/1997.

Eversheim, H., Bochtler, W. & Laufenberg, L. (1995): Simultaneous Engineering: Von der Strategie zur Realisierung. Berlin, Heidelberg; Springer-Verlag

Fiedler, O. (2007): Mehr Erfolg durch Kooperation. Saarbrücken; VDM-Verlag

Franz, M. (1995): F&E-Kooperationen aus wettbewerbspolitischer Sicht. Hamburg, Baden-Baden; Nomos Verlag

Gabler, T. (2006): Kompakt-Lexikon Wirtschaft, 9. Auflage. Wiesbaden; GWV-Verlag

Gleich, R. & Dilk, C. (2006): Innovationen in der Automobilindustrie. Beitrag im Magazin „Wissenschaftsmanagement 6 (Ausgabe November/Dezember 2006).

Grandori, A. & Soda, G. (1995): Inter-firm networks: Antecedents, mechanisms and forms. In: Organization Studies 16-2.

Grohs, J. (2008): Kooperationen, Netzwerke und Cluster. Saarbrücken; VDM-Verlag

Günter, H. (2004): Betriebswirtschaft – Lexikon für Studium und Praxis. Reinbeck; Rowohlt-Verlag

Hansen, H. (1999): Die wettbewerbspolitische Beurteilung horizontaler Forschungs- und Entwicklungskooperationen. Berlin; Duncker & Humblot Verlag

Heigl, K. & Rennhak, C. (2008): Zukünftige Wettbewerbsstrategien für Automobilzulieferer. Stuttgart; Ibidem-Verlag

Hucko, M. (2009): VW arbeitet an Modell für Indien. In: Financial Times Deutschland, Ausgabe vom 14.12.2009

Hucko, M. (2010): VW schluckt Karmann häppchenweise. In: Financial Times Deutschland, Ausgabe vom 16.03.2010

Hüttenrauch, M. & Baum, M. (2008): Effiziente Vielfalt – Die dritte Revolution in der Automobilindustrie. Berlin; Springer-Verlag

Jürgens, U. (2000): Communication and cooperation in the new product and process development network. Berlin; Springer-Verlag

Katzenbach, A. (2008): Kooperationen in der Automobilindustrie – Status und Perspektiven. Fachvortrag im Rahmen der Veranstaltung „Stuttgarter Impulse - Fertigungstechnik der Zukunft". Sindelfingen

Kindermann, D. (2001): Grundlagen der Managementlehre. München, Wien; Oldenbourg-Verlag

Kinkel, S. (2009): Produktionsverlagerung und Rückverlagerung in Zeiten der Krise. Karlsruhe; Mitteilung aus der ISI-Erhebung des Fraunhofer-Instituts, Ausgabe 52

Kinkel, S. & Zanker, C. (2007): Globale Produktionsstrategien in der Automobilzulieferindustrie. Berlin; Springer-Verlag

Kinkel, S. & Lay, G. (2003): Fertigungstiefe – Ballast oder Kapital? Karlsruhe; Mitteilung Nummer 30 aus der Produktionsinnovationserhebung, August 2003

Klanke, B. (1995): Kooperation als Instrument der strategischen Unternehmensführung. Inaugural-Dissertation an der Wirtschaftswissenschaftlichen Fakultät der Westfälischen Wilhelms- Universität Münster

Klaue, S. (1991): Strategische Allianzen zwischen Wettbewerbern. Einige Anmerkungen zu einem modernen wirtschaftlichen Problem. In: Betriebsberater, Bd. 46

Klink, G., Krubasik, S. & Rings, T. (2009): Sparsam, sauber,elektrisch? Das Rennen um den Antrieb der Zukunft; A.T. Kearney Studie „Der Antrieb der Zukunft", Düsseldorf.

Kölling, M. & Fahrion, G. (2010): Peking geizt mit seltenen Erden. In: Financial Times Deutschland, Ausgabe vom 20.10.2010

Lamming, R. (1994): Die Zukunft der Zulieferindustrie. Frankfurt, New York; Campus-Verlag

Lay, G. (2003): Fertigungstiefe – Ballast oder Kapital? Karlsruhe; Mitteilung aus der Produktionsinnovationserhebung des Fraunhofer-Instituts, Ausgabe 30

Mattes, B., Meffert, H., Landwehr, R. & Koers, M. (2003): Trends in der Automobilindustrie: Paradigmenwechsel in der Zusammenarbeit zwischen Zulieferer, Hersteller und Händler. In: Automotive Management – Strategie und Marketing in der Automobilwirtschaft. Berlin; Springer-Verlag


Mercer Management Consulting (2005): Studie FAST 2015


Muster, M. (1996): Kooperationen in der Automobilindustrie und regionale Netzwerke aus gewerkschaftlicher Perspektive. Hamburg-Harburg; Harburger Beiträge zur Psychologie und Soziologie der Arbeit; Technische Universität Hamburg-Harburg


Nettesheim, C. & Grebe, M. & Kottmann, D. (2003): Business Process Outsourcing – aber richtig! Saarbrücken; IMC Information Multimedia Communication AG, Ausgabe 03/2003, 18. Jahrgang.


o. V. (2007): Tagungsbericht: Getriebeindustrie: Mit Kooperationen gegen Kostendruck und Klimawandel. Berlin, Sulzbach (Ts.);


o. V. (2004): Verband der Automobilindustrie e. V. (Hrsg.): Future Automotive Industry Structure (FAST) 2015 – die neue Arbeitsteilung in der Automobilindustrie. Frankfurt am Main


o. V. (2009): VW/Suzuki: Traumziel Indien. In: Financial Times Deutschland, Ausgabe vom 09.12.2009


o. V. (2010): Verband der Automobilindustrie e. V. (Hrsg.): Jahresbericht 2010. Frankfurt am Main


o. V. (2010): Miebach Consulting GmbH: Branchenstudie: Kooperationen in der Automobilindustrie. Frankfurt am Main


o. V. (2011): „Auto-Papst" Dudenhöffer rechnet für 2015 mit 415 Auto-Modellen. In: Westdeutsche Allgemeine Zeitung, Ausgabe vom 04.09.2011


Proff, H. & Proff, H.-V. (2008): Dynamisches Automobilmanagement. Wiesbaden; GWV-Fachverlage

Raab-Steiner, E. & Benesch, M. (2010): Der Fragebogen – Von der Forschungsidee zur SPSS / PASW-Auswertung. Wien; Facultas Universitätsverlag


Reifwald, R. (2005): Management von Unternehmensnetzwerken in der Automobilindustrie. München, Lehrstuhl für Betriebswirtschaftslehre


Reining, A. (2003): Lexikon der Außenwirtschaft. München, Wien; Oldenbourg-Verlag


Richter, C. (2004): Unternehmenskooperation erfolgreich gestalten. Magisterarbeit der Friedrich-Alexander-Universität Erlangen-Nürnberg


Roth, S. (2005): Zukunftsperspektiven für die europäische Automobilindustrie. In: Automobilkongress „Zukunftspotentiale furch nachhaltige technische und soziale Innovationen" an der Ruhr-Universität Bochum


Rücken, C. (2011): Rohstoffe – Die Rückkehr der Geopolitik. In: Manager Magazin Spezial – Globale Perspektiven – Ein Sonderheft zum World Economic Forum in Davos


Schäder, B. & Fend, R. (2010): Peking macht seltene Erden noch rarer. In: Financial Times Deutschland, Ausgabe vom 30.12.2010


Scherer, F.-M. (1992): International High-Technology Competition. Harvard University Press


Schnell, R., Hill, P.-B. & Esser, E. (1999): Methoden der empirischen Sozialforschung. München, Wien; Oldenbourg-Verlag


Scholl, A. (1998): Kooperationen in der Automobilindustrie – Eine Effektivitäts- und Effizienzanalyse. Diplomarbeit an der Westfälischen Wilhelms-Universität Münster


Sell, A. (2002): Internationale Unternehmenskooperationen. München, Wien; Oldenbourg-Verlag

Stadler, R. (2011): Vorsprung durch Technik – Audi schreibt das nächste Kapitel der Mobilität. Vortrag im Rahmen der 19. Handelsblatt Jahrestagung „Die Automobilindustrie", München, 14./15. Juli 2011

Volpato, G. (2004): The OEM-FTS relationship in automotive industry. In: International Journal of Automotive Technology and Management, 4 (2/3)

Wallentowitz, H., Freialdenhoven, A. & Olschewski, I. (2009): Strategien in der Automobilindustrie. Wiesbaden; GWV-Fachverlage

Watkins, T. (1992): The Evolution of European Technological Cooperation. Draft Dissertation Chapter, Harvard University

Weigert, M. & Pepels, W. (1999): WiSo-Lexikon Band 1: Betriebswirtschaft, Statistik, Wirtschaftsrecht. München, Wien; Oldenbourg-Verlag

Weiss, S. (1999): Management von Zuliefernetzwerken – ein multilaterales Kooperationskonzept am Beispiel der Automobilindustrie. Dissertation an der Universität Zürich

Werner, K. & Fischer, H. (2011): Volkswagen kauft sich bei BMW-Partner SGL Carbon ein. In: Financial Times Deutschland, Ausgabe vom 01.03.2011

Wilhelm, M. & Sydow, J. (2007): Unternehmenskooperation entlang der Wertschöpfungskette – Implikationen für das Marketing von Automobilherstellern. Arbeitspapier der Freien Universität Berlin

Wilhelm, M. (2009): Kooperation und Wettbewerb in Automobilzuliefernetzwerken. Marburg; Metropolis-Verlag für Ökonomie

Williamson, O. (1990): Die ökonomischen Institutionen des Kapitalismus. Tübingen; Mohr-Siebeck-Verlag

Witte, H. (2000): Allgemeine Betriebswirtschaftslehre. München, Wien; Oldenbourg-Verlag

Wyman, O. (2003): Automobil-Studie: Die neue Arbeitsteilung in der Automobilindustrie; Technische Universität München

Wyman, O. (2008): Automobil-Studie: Im Netzwerk liegen noch hohe Potenziale. München; Technische Universität München

## 13    Gesprächsleitfaden für die Befragung

- Position, Fachbereich, Beschreibung
- Verantwortungsbereich: Kunden / Teile
- Charakterisierung des Unternehmens (OEM, Tier 1…)

- Wie viele Mitarbeiter hat Ihr Unternehmen gesamt?
- Wie viele Mitarbeiter hat Ihr Unternehmen in der Abteilung F&E?
- Wie viele F&E-Standorte hat ihr Unternehmen?
- Wie viele Standorte hat Ihr Unternehmen gesamt?

- Wie stehen Sie persönlich zum Thema F&E-Kooperationen und haben Sie Erfahrungen damit?
- Wie steht Ihr Unternehmen zum Thema F&E-Kooperationen und hat Ihr Unternehmen Erfahrungen damit?
- Befindet sich Ihr Unternehmen aktuell in F&E-Kooperationen? Wenn ja, in wie vielen?
- Wann wurden diese Kooperationen eingegangen? Weniger/mehr als 5 Jahre?
- Welche Bedeutung kommt den F&E-Kooperationen in Ihrem Unternehmen bei? Wichtig, mittel, unwichtig
- Welche Risiken und Hemmnisse existieren Ihrer Meinung nach bei einer F&E-Kooperation?
- Welche Faktoren sind für den Erfolg einer F&E-Kooperation Ihrer Meinung nach entscheidend?

- Was macht einen Lieferanten Ihrer Meinung nach aus Sicht Ihres Kunden wettbewerbsfähig?

- Wann werden Sie seitens Ihres Kunden in den Entwicklungsprozess eingebunden?
- Welche Art von Sourcing betreibt Ihr Kunde? (Single, Dual, Prallel, Multi)

- Wie ist die Wettbewerbssituation in Ihrem Unternehmensumfeld?

- Wenn Sie an die Beziehung zwischen Ihrem Unternehmen, Ihren Kunden und Ihren Wettbewerbern denken: Wann kommt das Konkurrenzdenken am deutlichsten zum Ausdruck?
- Hat Ihr Kunde schon einmal versucht, Sie mit Ihren Wettbewerbern zusammen zu bringen? Falls ja, wie haben Sie das empfunden?

- Wie sehen Sie die Mobilität der Zukunft?
- Welche Antriebskonzepte setzen sich Ihrer Meinung nach durch? Elektrotechnik, Brennstoffzelle, Wasserstoff, Andere?
- Ist die Hybridtechnik eine dauerhafte Lösung oder lediglich eine Übergangslösung?
- Wo sehen Sie die größten Herausforderungen für die OEMs in der Zukunft?
- Wird es Ihrer Ansicht nach in Zukunft dazu kommen, dass ein branchenfremder Großkonzern wie Apple oder Google einen OEM übernehmen oder eine eigene Fahrzeugmarke gründen?
- Reichen die existierenden Kooperationsformen Ihrer Ansicht nach aus, um die neuen Anforderungen zu bewältigen?

Welche Gründe / Aspekte sprechen für eine F&E-Kooperation?

| | Sehr wichtig | Wichtig | Neutral | Unwichtig | Sehr un-wichtig |
|---|---|---|---|---|---|
| Erweiterung des Absatzgebietes / Größere Chancen auf Erfolg eines Produktes | | | | | |
| Erschließung neuer Märkte | | | | | |
| Erweiterung der Produktpalette | | | | | |
| Erzielung von Synergieeffekten | | | | | |
| Know-how-Gewinn bzw. –Austausch | | | | | |
| Senkung der Produktionskosten | | | | | |
| Kostenteilung für Investitionen mit Partner (F&E) | | | | | |
| Kapazitätsauslastung / Ressourceneffizienz | | | | | |
| Konzentration auf Kernkompetenzen | | | | | |
| Zusammenschluss gegen größere Wettbewerber | | | | | |

Sonstiges

_____

Welche Gefahrenpotenziale sehen Sie bei F&E-Kooperationen?

| | Sehr wichtig | Wichtig | Neutral | Unwichtig | Sehr un-wichtig |
|---|---|---|---|---|---|
| Flexibilitätsverlust | | | | | |
| Abwanderung von Know-how | | | | | |
| Verlust der Eigenständigkeit | | | | | |
| Schwächung der Marke | | | | | |
| Abwerbung von Mitarbeitern | | | | | |
| Unklare / Unabgestimmte Vorgehensweise | | | | | |
| Zu hohe Kosten | | | | | |
| Rechtliche Vorgehensweisen & Unklarheiten | | | | | |
| Vertrauensmissbrauch der Partner, Fehlende Akzeptanz der Kooperation | | | | | |

Sonstiges

_____